境外新能源项目
技术尽职调查指引

国家电力投资集团有限公司 编

中国电力出版社
CHINA ELECTRIC POWER PRESS

图书在版编目（CIP）数据

境外新能源项目技术尽职调查指引 / 国家电力投资集团有限公司编. —北京：
中国电力出版社，2021.12

ISBN 978-7-5198-6267-1

Ⅰ.①境… Ⅱ.①国… Ⅲ.①电力工业—工业企业—新能源—对外投资—投资项目—项目管理—研究—中国 Ⅳ.① F426.61

中国版本图书馆 CIP 数据核字（2021）第 253060 号

出版发行：中国电力出版社
地　　址：北京市东城区北京站西街 19 号（邮政编码 100005）
网　　址：http://www.cepp.sgcc.com.cn
责任编辑：赵鸣志
责任校对：黄　蓓　王海南
装帧设计：赵丽媛
责任印制：吴　迪

印　　刷：三河市万龙印装有限公司
版　　次：2021 年 12 月第一版
印　　次：2021 年 12 月北京第一次印刷
开　　本：787 毫米 ×1092 毫米　16 开本
印　　张：10.75
字　　数：162 千字
印　　数：0001—1000 册
定　　价：60.00 元

前　言

　　国家电力投资集团有限公司（以下简称国家电投）是中央直接管理的特大型国有重要骨干企业，全球最大光伏发电企业，我国三大核电开发建设运营商之一，2019 年在世界 500 强排行榜位列第 316 位，连续 9 年进入《财富》世界 500 强榜单。 业务涵盖电力、热力、煤炭、铝业、物流、金融、环保、光伏、电站服务等领域，拥有核电、火电、水电、风电、光伏发电等多种发电类型。

　　国家电投贯彻"一带一路"倡议，积极开展境外电力能源资产领域的存量资产投资、绿地项目开发权收购和资产运营管理等业务，境外电力资产遍及亚洲、美洲、欧洲和大洋洲，截至 2020 年，境外电力装机达到 606 万千瓦。"十四五"期间国家电投将以新能源为重点加大力度拓展国际市场， 规划 2025 年境外电力装机达到 1600 万千瓦。

　　技术尽职调查是境外新能源资产股权并购或开发权收购项目尽职调查的重要组成部分，对资源状况、建设条件、技术水平、运维绩效等方面进行全面深入调查，是识别和规避技术风险，支持正确投资决策的重要手段。 本书编制目的是为国家电投境外新能源投资的技术尽职调查工作提供指引，使调查工作规范有序进行，保证调查质量和效率。

　　本书编写工作始于 2020 年 6 月，编写过程中广泛收集分析国内外新能源技术尽职调查有关案例资料，重点总结研究国家电投境外投资项目尽职调查经验，着重整理了国际、国内和国家电投相关标准和规范。 在此基础上，对境外新能源资产并购的技术尽职调查工作的基本流程、职责分工、工作组织、主要方法、风险点和关注点进行全面梳理，将技术尽职调查工作表格、尽职调查报告参考目录、主要设备信息和主要技术标准要求作为附录列出，供尽职调查工作中使用。 本书初稿经征求相关单位的意见，组织专家评审并多次修改完善，于2021年6月定稿发布。

由于水平有限，本书中难免存在疏漏和不正确之处，望各位读者在使用过程中提出宝贵意见和建议，以便不断补充完善。

编者
2021 年 10 月

目　录

前　言

第1章　总则　//　001

1.1　编制目的　//　002

1.2　适用范围　//　002

1.3　编制依据　//　002

1.4　使用说明　//　010

第2章　技术尽职调查基本工作规范　//　011

2.1　工作目标与原则　//　012

2.2　工作范围与内容　//　012

2.3　工作组织　//　013

2.4　技术尽调顾问管理　//　016

2.5　主要工作程序　//　018

2.6　工作成果及评审　//　020

2.7　文件管理　//　021

2.8　会议管理　//　022

第3章　风电技术尽职调查工作大纲　//　023

　　3.1　资料收集　//　024

　　3.2　项目建设条件调查（适用于开发权项目）　//　028

　　3.3　资产基本情况审查（适用于在运、在建项目）　//　032

　　3.4　关键合同审查　//　039

　　3.5　运维管理评估　//　040

　　3.6　施工建设评估　//　042

　　3.7　现场尽职调查　//　045

　　3.8　技术风险提示　//　048

　　3.9　资产评估分析及建议　//　048

　　3.10　谈判及交割技术支持　//　050

第4章　太阳能光伏发电技术尽职调查工作大纲　//　051

　　4.1　资料收集　//　052

　　4.2　项目建设条件调查（适用于开发权项目）　//　056

　　4.3　资产基本情况审查（适用于在运、在建项目）　//　059

　　4.4　关键合同审查　//　063

　　4.5　运维管理评估　//　065

　　4.6　施工建设评估　//　067

　　4.7　现场尽职调查　//　069

　　4.8　技术风险提示　//　072

　　4.9　资产评估分析及建议　//　073

　　4.10　谈判及交割技术支持　//　075

附件A　风电技术尽职调查主要表格　//　076

　　A.1　风电技术尽职调查主要表格（在运项目）　//　077

　　A.2　风电技术尽职调查主要表格（在建项目）　//　085

　　A.3　风电技术尽职调查主要表格（开发权项目）　//　092

附件 B   风电技术尽职调查报告参考目录 // **097**

B. 1   风电尽职调查 （在运项目） // 098

B. 2   风电尽职调查 （在建项目） // 099

B. 3   风电尽职调查 （开发权项目） // 100

附件 C   太阳能光伏发电技术尽职调查主要表格 // **102**

C. 1   光伏技术尽职调查主要表格 （在运项目） // 103

C. 2   光伏技术尽职调查主要表格 （在建项目） // 112

C. 3   光伏技术尽职调查主要表格 （开发权项目） // 122

附件 D   太阳能光伏发电技术尽职调查报告参考目录 // **124**

D. 1   太阳能光伏尽职调查 （在运项目） // 125

D. 2   太阳能光伏尽职调查 （在建项目） // 126

D. 3   太阳能光伏尽职调查 （开发权项目） // 127

附件 E   风电太阳能光伏主要设备 // **129**

E. 1   风电主要设备 // 130

E. 2   太阳能光伏主要设备 // 135

附件 F   集团公司标准对风电、太阳能光伏主要技术要求 // **149**

F. 1   风电项目主要技术要求 // 150

F. 2   太阳能光伏项目主要技术要求 // 157

第1章

总　则

1.1 编制目的

尽职调查（Due Diligence）也称审慎调查，简称尽调，是指在企业并购过程中，基于卖方披露的数据和文档资料、第三方评估报告，以及国别、行业公开信息，对目标公司的资产质量、经营状况、技术水平、外部环境、发展前景、潜在风险等方面进行全面深入调查，是准确评估企业价值、有效规避并购风险的重要手段。

境外新能源资产并购包括在建或在运项目的股权并购和新项目的开发权收购，尽职调查工作一般由技术、市场、法律、财税、估值、保险、环境等多个专项调查共同完成。

技术尽职调查是境外新能源资产股权并购或开发权收购项目尽职调查的重要组成部分，是保证整体尽职调查质量和正确投资决策的重要基础。本指引的编制目的是为集团各二级单位开展境外新能源资产并购的技术尽职调查提供工作指引，使调查工作规范有序进行，保证调查质量和效率。

1.2 适用范围

本指引适用于集团二级单位对境外新能源项目（陆上风电和太阳能光伏发电）开展项目（在建或在运）股权并购或新项目开发权收购的技术尽职调查工作，其他类型新能源项目可参考使用。

1.3 编制依据

1.3.1 国家电投集团标准

《国家电力投资集团境外投资管理办法》（试行）

QSPI 9705—2016《光伏发电工程可研设计管理导则与深度规定》

QSPI 9728—2016《风力发电工程组合式变压器技术规范》

QSPI 9730—2016《风力和光伏发电工程电缆技术规范》

QSPI 9731—2016《风力和光伏发电工程开关柜技术规范》

QSPI 9732—2016《风力和光伏发电工程无功补偿技术规范》

QSPI 9733—2016《风电场工程可研设计管理导则与深度规定》

QSPI 9739—2016《风力发电场技术监督规程》

QSPI 9740—2016《风电场技术监督现场检查评分标准》

QSPI 9743—2016《光伏发电站质量评价导则》

1.3.2 国家/行业相关标准规范

GB/T 18451.1《风力发电机组设计要求》

GB/T 18451.2《风力发电机组功率特性测试》

GB/T 18709《风电场风能资源测量方法》

GB/T 18710《风电场风能资源评估方法》

GB/T 19963《风电场接入电力系统技术规定》

GB/T 20319《风力发电机组验收规范》

GB/T 25385《风力发电机组运行及维护要求》

GB/Z 25458《风力发电机组合格认证规则及程序》

GB/T 31997《风力发电场项目建设工程验收规程》

GB/Z 35482《风力发电机组时间可利用率》

GB/Z 35483《风力发电机组发电量可利用率》

GB/T 51096《风力发电场设计规范》

GB/T 51121《风力发电工程施工与验收规范》

GB/T 37526《太阳能资源评估方法》

GB 19939《光伏系统并网技术要求 》

GB 19964《光伏发电站接入电力系统技术规定》

GB 50794《光伏电站施工规范》

GB/T 50795《光伏发电工程施工组织设计规范》

GB/T 50796《光伏发电工程验收规范》

GB/T 37658《并网光伏电站启动验收技术规范》

GB 50797《光伏发电站设计规范》

DL/T 666《风力发电场运行规程》

DL/T 796《风力发电场安全规程》

DL/T 797《风力发电场检修规程》

NB/T 31022《风力发电工程达标投产验收规程》

NB/T 31045《风电场运行指标与评价导则》

NB/T 31147《风电场工程风能资源测量与评估技术规范》

NB/T 10219《风电场工程劳动安全与职业卫生设计规范》

NB/T 32004《光伏发电并网逆变器技术规范》

NB/T 10113《并网光伏电站启动验收技术规范》

NB/T 10115《光伏支架结构设计规程》

NB/T 1012《光伏发电工程电气设计规范》

NB/T 10185《并网光伏电站用关键设备性能检测与质量评估技术规范》

NB/T 32026—2015《光伏发电站并网性能测试与评价方法》

NB/T 32041—2018《光伏发电站设备后评价规程》

NB/T 32040《光伏发电工程劳动安全与职业卫生设计规范》

1.3.3 国际技术标准

1.3.3.1 电气部分

IEC 60071 – 1：2019 Insulation coordination – Part 1 Definitions principles and rules

IEC 60071 – 2：2018 Insulation coordination – Part 2 Application guide

IEC 60664 – 1—2000 Insulation coordination for equipment within low – voltage systems – Part 1 Principles，requirements and tests

IEEE 1313. 1—1996 Insulation coordination – Definitions，principles and rules

IEEE 1313. 2—1999 Application of insulation coordination

ANSI UL 840—2005 Standard for Safety for Insulation Coordination Including-Clearances and Creepage

IEC 62305 – 1：2010 Protection against lightning – Part 1：General principles

IEEE 998—1996 Direct lighting stroke shielding of substations

NFPA 780—2008 Standard for the installation of lighting protection systems

IEC 60479 Effects of current on human beings and livestock IEC 60694—2007

High voltage switchgear and controlgear

IEEE 80—2013 Guide for Safety in AC Substation Grounding

IEEE 142—2007 Recommended Practice for Grounding of Industrial and Commercial Power Systems

IEEE 367—1996 Recommended practice for determining the electric power station ground potential rise and induced voltage from a power fault

IEEE 1246—2002 Guide for Temporary Protective Grounding Systems Used in Substations

IEEE 837—2014 IEEE Standard for Qualifying Permanent Connections Used in Substation Grounding

IEEE C 62.92.5—2009 Guide for the Application of Neutral Grounding in Electrical Utility Systems, Part V – Transmission Systems and Subtransmission Systems

DIN VDE 0141 Earthing system for special power installations with nominal voltages above 1kV

IEC 62271 – 1: 2017 High – voltage switchgear and controlgear – Part 1: Common specifications Selection and dimensioning of high – voltage insulators

IEC 60815—2008 Intended for use in polluted conditions – Part 1: Definitions, information and general principles

IEC 60099 – 5: 2013 Surge arresters – Part 5: Selection and application recommendations

IEC 60694—2007 High voltage switchgear and controlgear

ANSI/IEEE Std. American National Standard for High Voltage Switches – C37.30—1997 Standard Requirements for High – Voltage Air Switches

ANSI/IEEE Std. IEEE Guide for the Application of Metal – Oxide Surge C62.22—2009 Arresters for Alternating – Current Systems – Redline

IEEE 605—1987 Guide for design of substation rigid – bus structures

IEEE 738—2006 IEEE Standard for Calculatingthe Current – Temperature of Bare Overhead Conductors

BS 159 – 1992 HV busbar specifications and busbar connection

Live working – Minimum approach distances for a. c.

IEC 61472 Systems in the voltage range 72, 5 kV to 800 kV – A method of calculation

IEEE 1119 – 1993 IEEE Guide for Fence Safety Clearances in Electric – Supply Stations . 29127 abstract

IEEE 1427 – 2006 Guide for Recommended Electrical Clearances and Insulation Levels in Air – Insulated Electrical Power Substations

ANSI/IEEE C37. 122 – High voltage gas – insulated substations rated above 52 kV 2010

IEEE 1402 – 2000 Guide for electric power substations physical and electronic security

ANSI/IEEE Std. C37. 30 – 1997 American National Standard for High Voltage Switches—Standard Requirements for High – Voltage Air Switches

ANSI/IEEE Std. C37. 32 – 2002 American National Standard for High Voltage Switches, Bus Supports, and Accessories—Schedules of Preferred Ratings, Construction Guidelines, and Specifications

DIN VDE 0101 Power installations exceeding 1kV

BS 7354 – 1990 Design of high – voltage open – terminal stations

EN 50110 Operation of electrical installations

EN 50191 – 2010 Erection and operation of electrical test equipment

IEC 62116: 2014 Utility – interconnected photovoltaic inverters – Test procedure of islanding prevention measures

IEC 60076 Power Transformers

IEC 60870 – 5: 2017 SER Power systems management and associated information exchange

IEC 60229 Electric Cables – Test on Extruded Oversheaths with a Special Protective Function

IEC60502 – 2 Power Cables with Extruded Insulation and Their Accessories fo

Rated Voltages from 1kV up to 30k – Secondary Source

IEC 60529 Classification of degree of protection provided by enclosure

IEC 62271 – 102 Alternating current disconnectors (isolators) and earthing switch

1.3.3.2 风电部分

IEC 61400 – 1: 2019 Wind energy generation systems – Part 1: Design requirements

IEC 61400 – 22: 2010 Wind turbines – Part 22: Conformity testing and certification

IEC 61400 – 12 – 1: 2017 Wind energy generation systems – Part 12 – 1: Power performance measurements of electricity producing wind turbines

IEC 61400 – 1: 2005 + AMD1: 2010 CSVWind turbines – Part 1: Design requirements

IEC 61400 – 3: 2009 Wind turbines – Part 3: Design requirements for offshore wind turbines

IEC 61400 – 13: 2015 Wind turbines – Part 13: Measurement of mechanical loads

IEC 61400 – 4: 2012 Wind turbines – Part 4: Design requirements for wind turbine gearboxes

IEC 61400 – 11: 2012 Wind turbines – Part 11: Acoustic noise measurement techniques

1.3.3.3 光伏发电部分

a. 光伏组件

IEC 60904 Photovoltaic devices – ALL PARTS

IEC 60904 – 1 Photovoltaic devices – Part 1: Measurement of photovoltaic current – voltage characteristics

IEC 60904 – 2 Photovoltaic devices – Part 2: Requirements for photovoltaic reference devices

IEC 60904 – 3 Photovoltaic devices – Part 3: Measurement principles for terrestrial photovoltaic (PV) solar devices with reference spectral irradiance data

IEC 60904 – 4 Photovoltaic devices – Part 4: Reference solar devices – Procedures for establishing calibration traceability

IEC 60904 – 5 Photovoltaic devices – Part 5: Determination of the equivalent cell temperature (ECT) of photovoltaic (PV) devices by the opencircuit voltage method

IEC 60904 – 7 Photovoltaic devices – Part 7: Computation of the spectral mismatch correction for measurements of photovoltaic devices

IEC 60904 – 8 Photovoltaic devices – Part 8: Measurement of spectral responsivity of a photovoltaic (PV) device

IEC 60904 – 9 Photovoltaic devices – Part 9: Solar simulator performance requirements

IEC 60904 – 10 Photovoltaic devices – Part 10: Methods of linearity measurement

IEC 61215 Crystalline silicon terrestrial photovoltaic (PV) modules – Design qualification and type approval

IEC 61730 – 1 Photovoltaic (PV) module safety qualification – Part 1: Requirements for construction

IEC 61730 – 2 Photovoltaic (PV) module safety qualification – Part 2: Requirements for testing

IEC 61853 – 1 Photovoltaic (PV) module performance testing and energy rating – Part 1: Irradiance and temperature performance measurements and power rating

IEC 61646 Thinfilm terrestrial photovoltaic (PV) modules – Design qualification and type approval

IEC 62108 Concentrated photovoltaic (CPV) modules and assemblies – Designqualification and type approval

EN 50380 Datasheet and nameplate information for photovoltaic modules

b. 逆变器

IEC 61000 – 6 – 1 Electromagnetic compatibility (EMC) – Part 6 – 1: Generic standards – Immunity for residential, commercial and light – industrial environments

IEC 61000 – 6 – 2 Electromagnetic compatibility (EMC) – Part 6 – 2: Generic standards – Immunity industrial for industrial environments

IEC 61000 – 6 – 3 Electromagnetic compatibility (EMC) – Part 6 – 3: Generic standards – Emission standard for residential, commercial and light – industrial environments

IEC 610006 – 4 Electromagnetic compatibility (EMC) – Part 6 – 4 Generic standards – Emission standard for industrial environment

IEC 61683 Photovoltaic systems – Power conditioners – Procedure for measuring efficiency

IEC 62109 – 1 Safety of power converters for use in photovoltaic power systems – Part 1: General requirements

IEC 62109 – 2 Safety of power converters for use in photovoltaic power systems – Part 2: Particular requirements for inverters

IEC 62116 Utility interconnected photovoltaic inverters – Test procedure of islanding prevention measures

EN 50524 Data sheet and name plate for photovoltaic inverters

EN 50530 Overall efficiency of grid connected photovoltaic inverters

c. 光伏跟踪系统

IEC 61000 – 6 Electromagnetic compatibility (EMC)

IEC 62817 Photovoltaic systems – Design qualification of solar trackers

IEC TS 62727 Photovoltaic systems – Specification for solar trackers

ISO 12100 Safety of machinery General principles for design – Risk assessment and risk reduction

ISO 14121 – 1 Safety of machinery – Risk assessment – Part 1: Principles

d. 光伏组件测试

Hail test (IEC 61215 – 2 test MQT17) Terrestrial photovoltaic (PV) modules – Design qualification and type approva

Humidity freeze test (IEC 61215 – 2 test MQT12) Terrestrial photovoltaic

（PV） modules – Design qualification and type approva

Wet leakage current test（IEC 61215 – 2 test MQT15） Terrestrial photovoltaic （PV） modules – Design qualification and type approva

Insulation test（IEC 61215 – 2 test MQT10） Terrestrial photovoltaic（PV） modules – Design qualification and type approva

PID Testing（IEC 62804） Photovoltaic（PV） modules – Test methods for the detection of potential – induced degradation – Part 1：Crystalline silicon

IEC 60904 – 9 Photovoltaic devices – Part 9：Classification of solar simulator characteristics

1.4 使用说明

本书第二章对境外新能源项目技术尽职调查涉及的各工作阶段进行了通用划分，规定了各阶段的相关工作程序；第三章和第四章分别为风电和太阳能光伏发电的尽职调查工作大纲，在实际尽职调查工作中可根据项目具体阶段和条件，选择使用有关内容。

1.4.1 在运新能源项目技术尽职调查

应重点按照资产基本情况审查、关键合同审查、运维管理评估、现场尽职调查全面开展尽职调查工作，根据需要可开展项目建设条件或项目施工建设情况的调查。

1.4.2 在建新能源项目技术尽职调查

应重点按照项目建设条件调查、资产基本情况审查、关键合同审查、项目施工建设评估、现场尽职调查全面开展尽职调查工作，根据需要可开展运维管理调查。

1.4.3 新能源项目开发权技术尽职调查

应重点按照项目建设条件调查、资产基本情况审查全面开展尽职调查工作，根据条件和需要开展现场尽职调查。

第2章

技术尽职调查基本工作规范

2.1 工作目标与原则

2.1.1 工作目标

技术尽职调查工作全面评估目标资产（包括资源）质量、建设条件、技术水平、技术风险及安健环风险，深入研究资产运营绩效，预测资产可持续经营能力；协助确定资产价值及交易条件，从技术角度为公司投资决策提供依据；协助市场尽调分析行业政策、法规和监管机制，依据项目许可和证书状态评判监管风险，为投资谈判及接管整合提供技术支持。

2.1.2 工作原则

技术尽职调查工作应本着审慎的工作原则，通过规范过程管理，确保工作的质量，实现流程规范、过程可控、质量可溯的管理目标，持续提升境外电力资产投资项目技术尽职调查工作标准化和规范化水平。

技术尽职调查工作应遵守所在国法律法规、电网规范、属地化要求；依据相关管理机构对目标资产的审批和许可，以及目标资产公司与相关方签署的具有法律效力的有关文件。

技术尽职调查工作应基于卖方披露资料和相关公开信息进行，包括数据库文件资料；卖方正式提供的补充资料、对有关问题的正式答复，现场尽职调查得到的资料，以及管理层访谈文件。通过非正规途径获得的有关卖方信息文件不能作为技术尽职调查工作依据。

境外技术尽职调查工作应依据国际主流标准，包括国际电工委员会（IEC）、电气与电子工程师协会（IEEE）相关技术标准、国际标准化组织（ISO）颁布的有关技术标准，以及项目所在国强制性技术标准和特殊要求开展相关评估工作。我国颁布的国家级、行业级、企业级技术标准可作为参考。

2.2 工作范围与内容

技术尽职调查工作范围包括但不限于资源情况、建设条件、许可与证书、环境及健康要求、项目技术方案和设备规范、运维管理状态、实际运行绩效，以及在建工程的项目建设条件、安全质量管理水平、进度和成本控制等。

（1）项目建设条件调查。重点核实资源情况、土地条件及租赁情况、地质及水文气象条件、电力送出条件及送出协议，以及环境许可条件等；对开发权并购项目已完成的可研技术方案进行审查和复核。

（2）资产基本情况审查。包括对目标资产规模、主要技术方案、设备技术规范和状态、运行绩效指标、HSE 主要指标、历史维修记录、重大事故报告、项目寿命周期评价。

（3）运维管理评估。包括运维模式、运维队伍、绩效指标评价。

（4）施工建设评估。待开工项目的所有许可和证书取得状态检查，总包与分包合同签订情况的分析评估等；在建项目进度、造价与计划的对比分析，施工质量与安全管理的分析评价等。

（5）环境管理评估。包括环境监管要求、历史表现及未来投入分析判断。

（6）提供经济评估所需要的技术数据；提供技术估值相关条件、假设和建议。

（7）交易文件有关技术条款的审核与起草，技术风险规避及接管整合建议等。

上述工作范围及内容根据项目阶段、目标资产的业务类别及组合、所处状态、卖方披露数据详尽程度、交易架构，以及外界限制等因素做针对性调整。

2.3 工作组织

2.3.1 组织机构

投资方（集团二级单位）在项目立项后，成立项目工作组（以下简称"项目组"），根据项目情况和实际需求，可选择下设技术组、市场组、估值组、法律组、财务组等。技术组设组长一名、协调员一名，并根据实际情况配置技术经理若干名。技术组与其他相关专业组在项目组的统一指挥下相互配合开展尽调工作。

2.3.2 分工及职责权限

2.3.2.1 技术组组长

负责督导技术组工作开展、工作质量把控以及与各专业之间工作协调。主要职责如下：

（1）指导协调员和技术经理开展工作，审核工作计划，监督各项工作按计划执行。

（2）负责各专业组间工作协调，组织内、外部技术资源。

（3）参加项目组会议，汇报技术尽职调查工作成果。

（4）组织项目现场技术尽职调查。

（5）负责项目技术尽调报告的审核把关。

2.3.2.2 协调员

协调员是技术组工作联系人，负责组织技术组日常工作开展与其他专业组工作联系。主要职责如下：

（1）确定人员分工及职责，制订工作计划，组织开展项目技术尽职调查工作。

（2）作为技术组联系人，负责接收及传达工作任务。

（3）负责技术尽调顾问及外部技术专家的管理工作。

（4）负责其他专业组日常联系和工作协调。

（5）参加现场尽职调查以及谈判技术支持工作，提供相关专业的技术支持。

（6）负责文件提交、归档与保密监督工作。

（7）组织技术组日常会议。

2.3.2.3 技术经理

在技术组内，负责某一专业领域技术工作，具体如下：

（1）收集整理相关专业技术资料，研究卖方数据库及公开信息技术资料。

（2）与技术尽调顾问配合开展尽职调查工作，管理咨询意见，审查、指导编制技术尽职调查报告等。

（3）参加现场尽职调查以及谈判技术支持工作，提供相关专业方面的技术支持。

2.3.3 技术组人员素质及能力要求

2.3.3.1 技术组组长和协调员能力要求

（1）基本要求。具备较强的综合协调能力和丰富的并购项目技术管理经验，熟悉工作流程及相关要求；身体健康、适应海外工作；熟知光伏/风电技术工作，了解财务、法律基本知识；具备流畅英语交流能力。

（2）专业要求。掌握技术尽职调查工作方法，具备相关工作经验，具备完整项目技术尽职调查工作经验，熟悉海外电力行业的监管机制，具备风电、太阳能光伏发电相关专业知识或实际运维管理经验。

2.3.3.2 技术经理能力要求

（1）基本要求。具备团队协作精神和独立工作能力；学习能力强；身体健康，适应海外工作；具有较强的资料搜集和分析能力；英语熟练，能够借助工具阅读其他语言资料。

（2）专业要求。掌握技术尽职调查一般方法，具备新能源发电（含风电、水电及火电）中某一类资产的相关专业知识或实际运行管理工作经验；了解法律、财务、项目管理相关知识，能有效支持其他专业组工作。

2.3.4 与其他尽职调查专业配合

2.3.4.1 估值组

向估值组提供并及时更新有关信息，包括机组容量、净容量系数、性能指标、设备可用率、设备剩余寿命、理论发电量、风电不同概率（P50/P75/P90）发电量等，以及对项目资本性支出（CAPEX）和运维成本（OPEX）的评估。根据估值组要求进行技术信息的补充、核实与确认。

2.3.4.2 环保组

与环保组配合检查并核实项目技术方案、设备规范、环保指标和环保措施与环评和环保许可规定的符合性。

2.3.4.3 人资组

向人资组提供运行和维护人员组织信息。

2.3.4.4 市场组

配合市场组开展所在国能源结构、市场需求、行业监管政策及机制的分析研究。

2.3.4.5 法律组

配合法律组对购电协议 PPA、电网接入协议等的审查工作，主要对技术要求、技术指标规定进行评估分析。

2.3.5 咨询成果管理

技术组负责综合协调技术尽调顾问的管理工作。在技术尽调顾问提交了咨询成果后，项目经理组织组内成员认真研读，必要时组织集团内专家进行评审，对于不确定问题与技术尽调顾问及时沟通，按最终意见形成报告。

项目完成后，项目经理负责将咨询成果（包括往来沟通文件）分类、统一归档。

2.4 技术尽调顾问管理

2.4.1 技术尽调顾问职责

外聘技术尽调顾问职责包括但不限于以下内容：

（1）针对投资类型和项目特点编制资料收集清单，调查问题清单并检查卖方提供的资料，提出补充与核对要求。

（2）根据项目组尽调工作计划组织人员开展项目条件调查、关键合同审查、运维管理和施工管理评估等尽职调查工作。

（3）制定现场技术调查方案和调查问题清单，参加现场尽职调查，负责编写现场调查报告。

（4）编制阶段性和最终技术尽职调查报告。

（5）配合开展目标资产估值工作，提供估值模型需要的技术指标和参数，根据估值工作需求对技术数据进行详细说明和核对完善。

（6）配合市场、环境、人资等尽调工作，提供并相互核对有关技术方案和数据。

（7）参与项目的重要汇报准备工作，对尽调结论和风险评估提供技术方面的支持和建议。

（8）根据项目组要求提供其他必要的技术咨询服务。

2.4.2 选聘原则及程序

2.4.2.1 选聘原则

技术尽调顾问的选聘原则为专业匹配，国际电力资产并购咨询经验丰富，熟悉目标资产所在国或区域电力市场的行业情况及技术标准，信誉与业绩良好的大型技术咨询机构。

为控制境外投资项目风险，在同等条件下应聘请在目标资产所在地及我国均设分支机构的跨国技术咨询机构开展技术尽调，以及优先选择集团内部的咨询单位负责技术尽调工作。对于选聘外部技术顾问完成的尽调工作，若项目情况复杂或技术方案特殊，可根据项目实际情况聘请集团内咨询单位进行复核工作，复核工作与尽调工作应并行开展，以避免影响项目正常进展，同时提高尽调结果的可靠性。

2.4.2.2 选聘方式

技术尽调顾问的选聘原则上依据公司招投标管理规定采用询价、招标或竞争性谈判方式，特殊情况下，经立项审批，可采用独家谈判的方式进行。对咨询公司工作经验及业绩、工作方案及调查大纲的质量和针对性、团队结构与成员素质、咨询服务价格等因素进行综合评定并比较选择。

同等条件下，优先在集团内专业咨询单位中选择。

2.4.3 技术尽调顾问人员配置

技术尽调顾问在风电和太阳能光伏发电项目各阶段尽调的典型人员配置如表2-1所示，具体工作中可根据实际工作量和进度要求合理增减。

表2-1 技术尽调顾问典型人员配置（风电和太阳能光伏发电）

分　类	开发权收购	资产投资（在运）	资产投资（在建）	备　注
项目负责人	1	1	1	
项目经理	1	1	1	
风资源（光伏工艺）工程师	1	1	1	
电力系统工程师	1	1	1	
电气（电网）工程师	1	2	2	资产包含输电线路时考虑2人

续表

分　　类	开发权收购	资产投资（在运）	资产投资（在建）	备　　注
设备（运维）工程师	1	2	2	开发权项目根据需要配置
土建工程师		1	1	在运项目根据需要配置
地质工程师	1		1	根据需要配置
水文工程师	1		1	根据需要配置
合　　计	8	9	11	

2.4.4　技术尽调顾问人员要求

2.4.4.1　项目经理

（1）基本要求。具备优秀的组织管理和对外协调沟通能力；学习能力强；身体健康，适应海外工作；具有较强的资料搜集和分析能力；英语熟练，能够在英语环境下开展工作。

（2）专业要求。全面掌握技术尽职调查工作规则和方法，熟悉国际并购尽职调查工作方式和配合内容，具备发电（含火电及风电、光伏发电）中某一类资产工程设计、工程咨询或运维管理的经验和能力；了解国际电力市场机制和财务评价方式、项目管理相关知识，能有效支持其他专业组工作。

2.4.4.2　专业尽调工程师

（1）基本要求。具备团队协作精神和独立工作能力；学习能力强；身体健康，适应海外工作；具有较强的资料搜集和分析能力；英语熟练，能够借助工具阅读其他语言资料。

（2）专业要求。掌握技术尽职调查一般方法，具备丰富的相关专业知识和实际工作能力，从事相关工作具备 5 年以上经验，参与过至少 2 个同类或类似技术尽调工作；了解国际项目相关标准、规范和尽调工作程序要求，能与各专业有效配合工作。

2.5　主要工作程序

本节为技术尽职调查通用工作流程，项目开展过程中可根据实际情况调整选用，通用工作流程各阶段主要工作内容如下：

2.5.1　启动阶段

投资方（集团二级单位）应首先初步评估项目的可行性。

（1）成立技术组，指定组长、协调员，技术组人员初步分工，编写技术尽职调查工作方案。

（2）着手研究所在国的新能源市场发展状况、监管政策、技术标准，从技术角度判断项目可行性，分析项目技术难点和风险，初步提出工作计划。

（3）启动技术尽调顾问选聘流程。

（4）整理提交"初步技术类问题清单"及"初步技术资料需求清单"。

2.5.2　初步调查阶段

项目技术组组织和指导技术尽调顾问开展工作。

（1）研究卖方提供的项目初步资料，编写"项目初步资料目录"，分工审阅核查资料内容。

（2）整理分析提交"初步调查问题清单与资料增补需求清单"。

（3）编写"初步技术尽职调查报告"。

（4）提交正式版"初步技术尽职调查报告"，配合非约束报价函的技术支持。

2.5.3　现场阶段

项目技术组组织和指导技术尽调顾问开展工作。

（1）根据初步尽职调查结果，选择现场尽职调查地点并确定调查工作重点，通过项目组向卖方递交"现场技术尽职调查需求清单"。

（2）编写"现场尽职调查工作方案"。

（3）技术组组织人员赴现场开展尽职调查。

（4）现场尽职调查结束后，提交"现场技术尽职调查报告"。

2.5.4　深入调查阶段

项目技术组组织和指导技术尽调顾问开展工作。

（1）全面分析整理卖方公开的数据库资料，就落实和解决关键技术问题提出"深入调查问题与资料需求清单"。

（2）整合初步阶段和现场阶段工作成果，编写"技术尽职调查报告"。

（3）技术组组织对"技术尽职调查报告"进行评估。

（4）技术尽调顾问根据评审意见修改报告，并向项目组提交正式版"技术尽职调查报告"，提供技术数据配合估值组开展约束报价工作。

（5）向项目组提交"技术尽调工作报告"，总结风险提示及建议，协助项目组准备交易文件中与技术有关的条款。

2.5.5　谈判及签约阶段

（1）根据技术尽职调查结论，整理技术类问题谈判要点，提供谈判技术支持。

（2）协助审查交易文件中有关技术条款，向项目组反馈修改意见。

2.5.6　资产交割阶段

根据需要，协助编写资产交接工作方案，对收购后业务发展计划和运营接管提供建议。

2.6　工作成果及评审

2.6.1　工作成果

2.6.1.1　初步技术尽职调查报告

为初步调查阶段主要工作成果之一，依据卖方初步提供的项目信息以及市场公开信息，对目标资产规模、建设条件、资产质量、运维管理状态和主要风险等进行初步分析、审核，明确下一阶段工作重点，准备现场技术尽职调查。

2.6.1.2　现场技术尽职调查报告

为现场技术尽职调查阶段工作成果，在现场调查阶段完成。该报告主要记录现场调查过程，针对管理层访谈、现场调查取证得到的目标资产有关确认性信息进行分析整理，为配合公司项目估值团队进行资产价值评估提供参考依据。

2.6.1.3　技术尽职调查报告

为整个技术尽职调查工作结论性工作成果，在深入调查阶段完成。该报告包括技术尽职调查各阶段工作成果，详细分析项目内外部条件，全面阐述目标各方面情况，提出技术尽职调查发现的技术风险，提出规避风险的建议。重点突出对投资项目的总体技术评价以及较大影响的风险因素的评价，使公司决策层快速准确地了解技术尽职调查结论，为决策做参考。

2.6.2　工作成果评审

2.6.2.1　评审目的

对于情况复杂或技术方案特殊的项目，可根据项目实际情况，对项目技术尽调报告进行集中评审。通过组织集中评审，充分识别和分析项目技术风险，准确评估目标资产质量，完善技术尽职调查报告内容，确保技术尽职调查过程符合有关规定，资料查阅充分无遗漏，确保技术尽职调查工作成果在资产估值中得到合理体现，最大限度地保证技术尽职调查工作质量。

2.6.2.2　评审工作组织

评审工作由项目技术组组织，根据项目实际情况和尽调工作阶段，组织包括技术尽调顾问、二级单位相关业务部门、集团相关部门以及外部技术专家组成（根据实际情况决定是否聘请）评审工作组对尽调成果进行评审。

2.6.2.3　评审对象

评审对象包括技术尽职调查各阶段的工作报告，如初步技术尽职调查报告、现场技术尽职调查报告和技术尽职调查报告等。

2.7　文件管理

2.7.1　文件接收与分发

项目技术组协调员负责项目文件的接收与分发。项目文件包括周报、卖方提供资料，以及其他项目有关文件。

2.7.2　工作成果提交

协调员负责工作成果的汇总与提交。正式提交的工作成果必须经过评审工作组评审通过，紧急情况需经部门负责人批准。未经审核或批准的工作过程及成果文件不得提交。

2.7.3　文件归档

协调员负责文件归档的具体实施，落实各项档案管理要求。归档工作根据档案管理相关规定进行。

2.7.4 保密规定

按照商业秘密和企业秘密相关规定执行。

2.8 会议管理

2.8.1 启动会

尽调工作启动会由项目组组织召开，二级单位相关部门和各尽调工作组负责人参加。主要内容是宣布尽调组织机构和各专业组组成，各专业组工作范围和配合要求，提出项目尽调总体计划，尽调工作程序和例会规定。

技术尽调顾问到位后应召开技术组工作启动会，宣贯项目启动会要求，宣布技术尽调工作组织机构，明确技术尽调顾问工作范围、内容和深度要求，根据项目总体计划确定技术尽调工作计划。

2.8.2 技术组周会

尽调工作正式开始后技术尽调顾问每周提交工作周报，项目技术组组织技术尽调顾问和各相关单位（根据工作阶段和内容可包括有关部门或其他专业组）召开周会，梳理工作进展和存在问题，讨论确定解决措施和下一步工作安排。

2.8.3 项目组双周会（或月度会）

技术组和技术尽调顾问负责人参加尽调项目组双周会（或月度会），技术尽调顾问配合准备技术尽调工作汇报，梳理和讨论技术尽调与其他专业组的工作配合与计划协调，根据项目组决策和要求落实技术尽调工作。

2.8.4 评审及专题会

针对技术尽调工作成品或技术专题研究的评审会和专题会由项目技术组组织召开，技术尽调顾问负责准备会议汇报和专题讨论资料并参会，根据工作阶段和项目特点，其他参会人员可包括评审工作组专家、二级单位相关业务部门、集团相关部门以及外部技术专家（根据需要）。

第3章

风电技术尽职调查工作大纲

风电项目多数远离城镇中心，应关注运维检修计划，确保能够满足项目合同规定的可利用率要求。此外，还需特别关注在项目前期的生态环保要求、林业土地、军事等敏感性因素；施工建设、生产运营等过程中存在的征地问题、噪声污染、生态污染、废物处理、水土保持、环境修复等问题。技术尽职调查主要内容包括合规文件核查、设计评价、施工质量检查、设备质量检查、运行维护评估、风险分析及防范措施、总体评价等。

3.1 资料收集

3.1.1 通用要求

3.1.1.1 资料来源

资料主要来源于卖方开放的数据库、市场监管部门公开资料、行业协会公开资料、政府及其他权威机构公开发布的数据资料。

一般在非约束性报价函提交前卖方不会开放数据库，而该阶段主要任务一般是熟悉资产所处市场监管环境和产品价格走势，因此主要从市场监管部门和政府部门的公开资料着手调查。如果卖方是公开募股的上市公司，其定期发布的财务及相关报表也是重要的信息来源。

在卖方接受买方非约束性报价后一般会开放数据库。数据库通常在项目正式结束以前都会保持开放。数据库中的资料文件由卖方自由调整，并根据买方发去的资料需求清单补充或者删除文件。

与技术尽职调查关系最紧密的资料包括项目特许权协议、购电协议（PPA）、土地租赁协议、并网协议、工程总承包（EPC）合同、运维合同、风资源评估报告、例行运维报告、故障检修报告、事故原因分析报告、并网协议、风机等大部件设备供货协议、风机服务协议、风电场退役方案及成本分析报告、风电场运行统计数据（风机可利用率、全场可利用率、风机实际功率曲线、机组发电量、上网电量、风电场限电比、所在区域限电比）等。

3.1.1.2 基本情况资料

包括项目装机容量，地理位置，占地区域的坐标，占地面积，反映周边条件的图纸及照片（包括但不限于风电场所在区域交通现状图及规划图，周边自然保护区、风景名胜区、森林公园、生态公益林、文物、机场、军事设施、矿山分布图等），风电场所在地总体规划报告及图纸，风电场所在地土地规划用地现状图），项目主要工程量统计，主要设备型号及参数、基础形式、地基处理方式，项目送出条件（包括线路电压等级、距离、费用）等。

3.1.1.3　风资源情况及微观选址

风电场范围内测风塔位置、测风时间、测风数据、机位坐标、风切变指数、参证气象站资料、1∶2000 等高线地图微观选址报告（含特定场址载荷计算复核报告、整机载荷计算模型）及理论/实际发电量。

3.1.1.4　项目建设审批相关文件

包括但不限于接入系统文件、政府审批文件、土地权属文件、社会安全健康环保审批文件等。

3.1.1.5　项目周边风电场的情况（如有）

数量、容量、与拟收购项目的相对位置关系、投运时间、机型及轮毂高度、投运后最近一个完整年的上网小时数。

3.1.2　在运项目资料

3.1.2.1　概况资料

项目概况说明及工程特性一览表，项目设计文件（设计报告、施工图设计说明）及项目施工图、竣工图图纸。

3.1.2.2　主要设备技术文件

风力发电机组零部件清单及参数性能、保证功率曲线、可利用率保证值及其他质保规定。

风力发电机组档案，包括但不限于整机及零部件出厂合格证书、关键部件出厂检验报告、整机车间调试及测试报告、采购技术协议中规定的检查和检测报告、塔筒采购技术协议、图纸及监造记录文件等。

变电站一次、二次设备等其他设备的出厂证明，使用说明书、试验报告、图纸等技术文件。

3.1.2.3　风力发电机组的安全性评估

风力发电机组及主要零部件认证资料，包括但不限于功率曲线测试报告、机组载荷测试报告、电能质量测试报告、低电压穿越报告、机组并网适应性等。

3.1.2.4　工程建设质量

工程建设施工相关文件，包括但不限于项目建设组织和管理文件、合同执行管理文件、项目参建各单位概况、测量地形图和地勘报告、施工质量验收文件及单项调试文件、专项验收文件等资料、主要设备合同及规范（包括风机、箱式变压器、电缆、升压站设备等）、电气材料及设备校验报告、施工阶段质量管理月度评估报告及专题报告、升压站设备安装工程电气、保护试验报告、升压站设备安装工程主变线路风电进线试验报告。风力发电机组调试记录文件，包括机组 240h 整套试运验评签证，涉网及特殊试验措施，安全保护功能试验、报告、电气保护整定值等，现场技术档案和施工管理资料验收文件，工程竣工验收报告，消防、环评等验收报告等文件。

3.1.2.5　项目建设审批相关文件

政府颁发的项目"风电开发授权协议"、购电协议（PPA）、环评报告及批复（包括鸟类评估及噪声评价）、环保审批文件、土地权属文件、矿产压覆报告（如需）、地质及地震灾害报告（如需要）、接入系统方案、电力系统研究报告、与电网接入协议、送出路线路径、环评与许可文件、军事和文物等其他部门出具的批复文件（如需要）、项目建设工程开工许可证、输电线路建设工程开工许可证。

3.1.2.6　运行维护情况

风电运维合同、风电项目运维报告、风力发电机组调试手册、维护手册、故障手册、操作手册、整机及子系统软件清单及软件、机组运行维护记录、故障检修记录（包括但不限于日常检修、部件更换及维修等记录信息）；箱式变压器、线路及升压站等设备故障及日常检修记录；近一年的机组数据采集与监视控制系统（SCADA）运行数据；机组现场调试报告、验收报告及出质保验收报告（含一般项和专项检测报告、该风电场功率曲线测试报告等）、主要设备近一年防雷及接地监测报告（用以复核项目实测接地电阻是否满足设计要求）、运维人员培训和取证情况等。

3.1.3　在建项目资料

3.1.3.1　概况资料

项目概况说明及工程特性一览表，项目设计文件（初步设计报告、施工图设计说明）及项目施工图图纸。

3.1.3.2 主要设备技术文件

风力发电机组、变电站等设备的相关的技术文件。

风力发电机组零部件清单及参数性能、保证功率曲线、可利用率保证值及其他质保规定。

风力发电机组档案，包括但不限于整机及零部件出厂合格证书、关键部件出厂检验报告、整机车间调试及测试报告、采购技术协议中规定的检查和检测报告、塔筒采购技术协议、图纸及监造记录文件等。

变电站一次、二次设备等其他设备的出厂证明，使用说明书、试验报告、图纸等技术文件。

3.1.3.3 风力发电机组的安全性评估

风力发电机组及主要零部件认证资料，包括但不限于功率曲线测试报告、机组载荷测试报告、电能质量测试报告、低电压穿越报告、机组并网适应性等。

3.1.3.4 工程建设质量

工程建设施工相关文件，包括并不限于项目建设组织和管理文件、合同执行管理文件、项目参建各单位概况、测量地形图和地勘报告、施工质量验收文件及单项调试文件、专项验收文件等资料、主要设备合同及规范（包括风机、变流器、箱式变压器、电缆、升压站设备等）、电气材料及设备校验报告、施工阶段质量管理月度评估报告及专题报告、升压站设备安装工程电气、保护试验报告、升压站设备安装工程主变线路风电进线试验报告；风力发电机组调试记录文件，包括机组 240h 整套试运验评签证，涉网及特殊试验措施，安全保护功能试验、报告，电气保护整定值等，现场技术档案和施工管理资料。

3.1.3.5 项目建设审批相关文件

政府签署的项目"风电开发授权协议"、购电协议（PPA）、环评报告及批复（包括鸟类评估及噪声评价）、环保审批文件、土地权属文件、矿产压覆报告（如需要）、地质及地震灾害报告（如需要）、接入系统方案、电力系统研究报告、与电网接入协议、送出路线路径、环评与许可文件、军事和文物等其他部门出具的批复文件（如需要）、项目建设工程开工许可证、输电线路建设工程开工许可证。

3.1.4　开发权项目资料

3.1.4.1　概况资料

项目概况说明及初步的工程特性一览表，项目设计文件（项目建议书、项目可行性研究报告）及可行性研究设计图纸。

3.1.4.2　风资源情况及微观选址

风电场范围内测风塔位置、测风时间、测风数据、机位坐标、参证气象站资料、1∶2000等高线地图微观选址报告（含特定场址载荷计算复核报告、整机载荷计算模型）及理论发电量。

3.1.4.3　项目建设审批相关文件

政府签署的项目"风电开发授权协议"、购电协议（PPA）、环评报告及批复（包括鸟类评估及噪声评价）、环保审批文件、土地权属文件、矿产压覆报告（如需要）、地质及地震灾害报告（如需要）、接入系统方案、电力系统研究报告、与电网接入协议、送出路线路径、环评与许可文件、军事和文物等其他部门出具的批复文件（如需要）。

3.2　项目建设条件调查（适用于开发权项目）

3.2.1　风资源

3.2.1.1　项目设计基础资料

测风塔地理位置情况：应赴现场对测风塔进行现场踏勘并取得GPS定位坐标、测风塔照片、确认测风仪器安装方向、测风塔周边的环境照片等资料。

测风原始数据（至少一个完整年，有效数据完整率在90%以上）。

风电场场址范围内1∶10000及1∶2000电子化CAD版地形图（含县界、地物；应说明地形图的坐标系，图中需包含风机、平台、升压站、道路、集电线路等设计信息，以及行政边界、居民点、保护区、水源地、公益林、文物、军事、矿产等敏感因素分布情况）。

参证气象站资料，具体包括：

（1）气象站基本情况，主要包括气象站地理位置及坐标，搬迁情况，观测仪器高度、仪器型号以及周围建筑物建设情况，最好有气象观测场的现场照片。

（2）气象站近30年主要气候特征值。

（3）气象站近30年搬迁情况和观测设备更换情况，并提供变动前后同期对比月平均风速（对比观测时长不少于一个完整年）。

（4）气象站近30年历年逐月平均风速。

（5）气象站近30年历年最大（注明是定时的2min观测数据还是连续自记10min观测数据）、极大风速风向及对应时间。

（6）气象站近30年各风向扇区多年平均风向频率值。

（7）气象站与风电场内测风塔同期的逐小时平均风速、风向。

3.2.1.2 风能资源复核

（1）项目风能资源复核按照IEC 61400规定执行，复核内容主要包括：风电场的空气密度、轮毂高度（或测风塔临近轮毂高度）、年平均风速和风功率密度、轮毂高度年风速频率分布与风能频率分布、轮毂高度年风向频率与风能密度方向分布、轮毂高度50年一遇最大风速和极大风速、轮毂高度特征湍流强度（15m/s）和风切变指数等。

（2）根据风能资源复核结果，对设计文件中项目风能资源分析结论的合理性进行评价。主要对项目风电场年平均风速、主风能方向、适用的机组安全等级划分的准确性与合理性进行分析，并对项目的风功率密度等级进行评价。

3.2.1.3 发电量复核

（1）结合风电场实际运行数据，对项目设计发电量进行复核。

（2）结合项目实际情况，核查项目设计文件中空气密度、风电机组可利用率、风电机组功率曲线保证率、控制与湍流、叶片污染、厂用电和线损、尾流、气候因素等折减系数取值的合理性；结合机组功率曲线、可利用率、厂用电和线损等实际情况，对各项折减系数合理取值。

（3）复核计算项目各风电机组年平均风速、理论发电量、尾流系数、上网电量、年等效满负荷小时数，以及全场年等效满负荷小时数等结果参数；

对设计文件中项目各风电机组年等效满负荷小时数，以及全场年等效满负荷小时数等计算结果的合理性进行评价。

（4）项目发电量复核应同周边可供参照的风电场进行对标比较。

3.2.2　主要建设条件

3.2.2.1　地质水文条件

项目拟建场址所在地的基本地质条件，沉降观测、初步地质勘探资料，推荐的地基处理方式，所在地的洪水位、内涝水位等。

3.2.2.2　场地及运输条件

从生产厂家、港口至项目现场沿线道路的路面类型、宽度、限高、转弯半径等是否满足风机的运输要求。

风场征地情况：征地范围、征地年限等。

场内已有道路的路况：路面类型、路线、路宽、坡度等。

场内新建道路修建难易评估：地形、地貌、地表植被、建构筑物、道路坡度、道路开挖土石比例。

吊装平台修建难易评估：风机位周围是否有足够场地、平台范围内地形、地貌、房屋、线杆等。

升压站选址：位置、地形、地貌、周围环境，是否受洪水、坡面流水威胁，升压站对外交通、出线方向。

3.2.2.3　电气设计条件

接入系统审批情况、接入系统报告及审查意见、获得批准的接入系统方案。

主要电气设备（箱式变压器、主变压器、高压配电装置、35kV 配电装置、无功补偿装置）选型所应用的规程规范。

风机至箱式变压器电缆载流量计算报告，电缆选型标准和电缆型号规格。

箱式变压器选型原则和应用标准，包括消防、环保标准要求。

风机、升压站接地方案设计应用标准，设计原则和主要方案，采用降阻方案的设计标准、计算方法和主要方案。

3.2.2.4　送出线路（如有）

线路路径协议及审批文件，线路路径规划方案，线路设计初步方案、主要技术指标。重点调查线路沿线建设条件及后续建设的难点、关键点。

3.2.2.5 风机

厂家资料包括基础设计荷载、风机机型资料、塔筒尺寸质量资料等。

风机基础及升压站建（构）筑物结构形式，采用的主要建筑材料等。

风机基础及升压站建（构）筑物桩基形式、地基处理方案。

当地就近的建筑材料（砂子、石子、砖、毛石、块石、水泥、钢材、木材、铝材、塑钢等）；提供钢材、钢筋的种类和标准；提供水泥和混凝土的标号和强度值。

3.2.3 项目许可要求

重点检查项目开发必需的土地、环保、发电等许可的审批流程和关键技术要求。

根据项目所在国实际情况，审批文件应包括并不限于以下内容：

政府颁发的"风电开发授权协议"、购电协议 PPA、环评报告及批复（包括鸟类评估及噪声评价）、环保审批文件、土地权属文件、矿产压覆报告（如需要）、地质及地震灾害报告（如需要）、接入系统方案、电力系统研究报告、与电网接入协议、送出路线路径、环评与许可文件，以及与土地拥有者签订的土地使用协议或购买合同。

3.2.4 可研技术方案与结论

技术方案评价的主要内容：评估资源水平、所选机型发电能力、箱式变压器选型和集电线路方案；评估升压站内电气一次、电气二次、通信设备等主要设备的配置情况；评估项目送出方案；评估风机基础及升压站建（构）筑物结构形式，地基处理方式；评估升压站布置形式、场内道路设计方案及运输方案的合理性；评估消防设施、给排水方案；评估项目环境保护与水土保持设计。配合市场组对未来 20 年风电场附近区域电力市场负荷平衡和风电场电量消纳情况进行评估。

3.2.4.1 测风评估

主要收集测风原始/生产数据、测风塔安装报告、测风塔供应商等相关资料等，对测风塔现场踏勘并对位置的合理性、代表性及测风数据质量进行评价；对测风塔与测风数据的匹配性、真实性等内容进行评估、判断。

3.2.4.2 风资源评估

根据收集到的测风数据对风资源进行评估，主要评估测风数据的时长、完整性、有效性；评估风向、风能、风频等内容；绘制场区范围内资源图谱等。

3.2.4.3　产能评估

根据项目所选机型评估发电能力及产量；分析不同置信水平下的发电量；出具项目风资源相关数据分析，含中尺度数据、周边电站对标数据和公司相近条件下项目历史数据的分析。

3.2.4.4　机位点选取风险排查

对项目机位点的选取进行排查，含机位点布局的安全性、合理性及机位点与居民距离的合规性，噪声超标影响范围等。

3.2.4.5　主要设计方案

（1）升压站的布置形式，评估升压站内电气一次、电气二次、通信设备等主要设备的配置情况。

（2）评估项目场内集电线路及送出方案。

（3）评估风机基础及升压站建（构）筑物结构形式、地基处理方式。

（4）评估场内道路设计方案及运输方案的合理性。

（5）评估消防设施、给排水方案；评估项目环境保护与水土保持设计。

3.2.5　应用的标准与规范评估

调查项目所在地风电设计应遵守的设计规程规范和各项标准，与我国国内规程规范及设计标准进行对标，对有可能存在的国内外标准差异提出技术建议，评估这些差异对项目技术方案和性能指标可能造成的影响。

需关注的标准应用差别主要包括：风资源评估方式、发电量计算及折减的方法，升压站内电气一次、电气二次、通信设备等电气设备的配置要求，电缆选型、集电线路杆塔形式、风机基础及升压站建（构）筑物结构形式和地基处理方式、道路及吊装平台设计标准等。

3.3　资产基本情况审查（适用于在运、在建项目）

3.3.1　资产规模与分布

根据卖方公开数据，统计风电资产装机容量、风场数量，地理位置、行政区划和所属区域电力市场。

了解风电资产的不同分类及相应比重，比如按投运状态（已投运、未投运）、风机制造商、区域电力市场、风电场规模、产能或风资源优劣等。

3.3.2 主要技术方案

3.3.2.1 风资源与发电量复核

（1）风能资源复核。项目风能资源复核内容主要包括：风电场的空气密度、轮毂高度（或测风塔临近轮毂高度）年平均风速和风功率密度、轮毂高度年风速频率分布与风能频率分布、轮毂高度年风向频率与风能密度方向分布、轮毂高度50年一遇最大风速和极大风速、轮毂高度特征湍流强度（15m/s）和风切变指数等。

根据风能资源复核结果，对设计文件中项目风能资源分析结论的合理性进行评价。主要对项目风电场年平均风速、主风能方向、适用的机组安全等级划分的准确性与合理性进行分析，对项目的风功率密度等级进行评价。

（2）发电量复核。结合风电场实际运行数据，对项目设计发电量进行复核。

结合项目实际情况，核查项目设计文件中空气密度、风电机组可利用率、风电机组功率曲线保证率、控制与湍流、叶片污染、厂用电和线损、尾流、气候因素等折减系数取值的合理性；结合机组功率曲线、可利用率、厂用电和线损等实际情况，对各项折减系数合理取值。

采用国际通用的概率算法，对P50、P75、P90等不同概率情形下的发电量设计值和实际值进行对比分析。

复核计算项目各风电机组年平均风速、理论发电量、尾流系数、上网电量、年等效满负荷小时数，以及全场年等效满负荷小时数等结果参数；对设计文件中项目各风电机组年等效满负荷小时数以及全场年等效满负荷小时数等计算结果的合理性进行评价。

项目发电量复核应同周边可供参照的风电场进行对标比较，并与风机厂家保证发电量（如有）进行比较。

3.3.2.2 土建设计评价

（1）土建设计评价主要对风电机组基础和升压站建筑与结构工程进行

评估。

（2）风电机组基础设计评价。当采用重力式基础型式时，基础底部设计深度应达到项目工程地质中的有效持力层；当采用承台桩基础型式时，设计桩数、桩径和桩长等应经过系统核算；任何风电机组基础型式均应设计沉降观测点与完整有效的防雷接地系统。

（3）升压站建筑与结构工程设计评价。升压站总平面布置、总体设计应符合国家、行业建筑结构工程有关标准规定。

（4）对土建部分的施工图或竣工图同初步设计、地勘报告中的设计内容一致性进行审查，并对差异项进行风险分析。

3.3.2.3　道路及吊装平台设计评价

（1）风场道路的设计评价：宽度、路面的材料、道路边沟、管涵等排水系统是否满足要求。

（2）风机吊装平台的设计评价：平台的尺寸、平整度、高度、地坪材料等。

3.3.2.4　电气设计评价

（1）接入系统方案和站内相关电气设备参数要求应执行电网主管部门关于风力发电场接入系统设计的审查意见，并在时效期内。

（2）电气主接线图设计评价依据接入系统批复文件执行。

（3）升压站主变压器设计评价。

（4）升压站（或开关站）配电装置设计评价。

（5）蓄电池组及充电装置设计评价。

（6）电缆设计评价。

（7）集电线路设计评价。

（8）电能质量和电压调节能力。

（9）无功补偿装置配置应满足当地电网要求，无功功率和电压调节能力应满足相关标准、规程的规定（如有）。

（10）交流电气设备过电压保护和接地设计评价。

（11）系统保护设计评价。

（12）电力监控安全防护设计评价。

（13）送出工程的保护配置与功能应满足电网的要求。

3.3.2.5 消防设计评价

（1）消防设计应符合当地标准，从防火、监测、报警、控制、灭火、排烟、逃生等方面设计。

（2）审查升压站建构筑物与站外及建筑、堆场、储罐的防火间距及升压站内建构筑物及设备的防火间距；灭火器配置、消防沙箱的数量、容积及消防铲配置应满足要求。

（3）审查消防水源及消防用水量、室内外消火栓系统布置是否满足要求。

（4）审查电缆的耐火阻燃性能及防火封堵，变压器及其他带油电气设备消防，消防供电、应急照明及疏散指示标志，火灾自动报警和联动控制系统，蓄电池室消防设计。

3.3.3 设备技术规范

重点评估关键设备的供货厂家市场占有率和经营情况，以及设备的可替换性；核实电站的备品备件补充方案，以及关键设备出质保期之后的采购成本。

3.3.3.1 风电机组（含叶片）选型评价

主要检查与评价风电机组认证与性能测试报告有效性、风机设计等级与资源匹配性、技术路线成熟度、关键部件性能符合性、关键零部件配置水平、关键系统技术要求合理性、特殊环境设备适应性等。

3.3.3.2 塔筒选型评价

主要检查与评价关键原材料品牌配置水平、材料性能与项目环境匹配性，技术路线成熟度、技术要求合理性等。

3.3.3.3 主变压器和箱式变电站选型评价

主要检查与评价关键原材料品牌与技术规定（硅钢片、励磁线等）、性能及试验技术规定、特定环境的适应性与安全性，以及常发故障与故障率情况、技术路线成熟度等。

3.3.3.4 GIS、开关柜和 SVG 设备

主要检查与评价关键原材料品牌与技术规定，设备整体性能及试验技术规定，特定环境的适应性与安全性、技术路线成熟度等。

3.3.3.5　电缆设备选型评价

主要检查与评价电缆结构要求、性能及试验技术规定、特定环境的适应性与安全性、技术路线成熟度等。

3.3.3.6　电气二次设备选型与评价

主要检查与评价设备品牌、测量与检测精度、性能及试验技术规定、特定环境的适应性与安全性等。

3.3.4　主要技术性能指标

3.3.4.1　基本数据

能准确地反映出风电场的实际运行情况的风电场生产数据，包括风机型号、台数、装机容量、上网电量、可利用率、损失电量、限电量、重大故障及批量缺陷情况等。

3.3.4.2　等效小时数情况分析

等效小时数与可研数据、同地区的数据逐年对比，对比分析最近满一年的或全容量并网到尽调日期的数据。

3.3.4.3　可利用率情况

风电场风机的可利用率情况，统计分析最近满一年的或全容量并网到尽调日期的数据。

3.3.4.4　电量损失

风电场电量损失情况，统计分析最近满一年的或全容量并网到尽调日期的数据。

3.3.4.5　功率曲线

风电场功率曲线达标情况，统计分析最近满一年的或全容量并网到尽调日期的数据，包括停机数据。

3.3.4.6　风机故障情况

分析故障停机情况，重点分析故障原因、备件消耗及更换记录、三年的或全容量并网到尽调日期的统计数据。

3.3.4.7　设备运行情况

一次、二次设备运行情况，包括：线路、输变电设备、继电保护设备、无功补偿等设备的运行情况及分析。

3.3.4.8 运维管理

风电场运行维护情况：运行及设备台账、定值单、定检记录、技改计划及记录、备件更换记录、测风数据、发电数据等运维记录。

3.3.4.9 事故事件

风电场投运以来的人员和设备的事故事件的统计及情况分析。

3.3.4.10 典型设备缺陷

风电场自投运以来发生的电站的各类典型缺陷如电缆头、叶片、集电线路、液压系统故障，以及电站目前存在的故障；相关的分析报告。

3.3.4.11 运维风险点

根据运行记录和当地条件，对可能影响风电场的重大自然灾害进行分析。

3.3.4.12 发电量评估

对风电场自投运以来的电量数据进行分析；与同地区风电场或平均水平进行对比。

3.3.4.13 电网限电弃风率

依据在运各项目所在地电网规划，对风电场历史的限电情况、未来电网的电力消纳情况分析。

与国家电力投资集团有限公司风电产业对标月度报告及年度报告对标，重点对标发电量、利用小时数、电网限电弃风率、可利用率、故障统计等。

3.3.5 HSE 绩效

了解 HSE 相关的政府许可证、现有的防护设施设备、现有的保险与赔偿事务、管理与应急机制。环境影响评价、环保竣工验收、总量/排污许可证、"三废"处理及排放、对周边社区及生态的影响。项目所在地与劳工保护相关的法律框架、劳工保护法规执行情况、周边的社区情况、周边的社会治安状况。

调查主要职业健康危害因素、职业健康管理相关许可、劳动防护措施、职业健康保险与赔偿状况、职业健康管理构架与能力；土壤和地下水污染情况、违反所在国家和地区的环境法规情况、因违反 HSE 相关法律受到监管方的处罚及其处理情况；噪声处理、文物保护、鸟类及动物保护规定、劳工组织的作用及权利。

3.3.5.1 在运项目

收集项目 HSE 统计数据、HSE 绩效分析与评价报告，进行安全性评估：审查 HSE 目标值完成情况、目标值与法律法规的符合情况、目标实施过程中对法律法规的遵守情况、目标实施的进度、对策措施的准确性、目标控制的有效性、定性目标的针对性、安全生产责任制的履职情况等。

重点分析：电气作业、高处作业、起重作业、机械作业、外出作业等劳动安全；生产区域地面、路面（桥面）状况，场区道路应有必要的交通指示牌，生产区域照明，安全标识，防火防爆灯等作业环境；以及安全生产目标、安全生产责任制、安全生产管理体系、法律法规及标准、反事故措施与安全技术劳动保护措施管理、安全生产培训、安全例行工作、反违章、应急管理、安全事故调查及安全奖惩等安全生产管理。

3.3.5.2 在建项目

收集项目 HSE 统计数据、HSE 绩效分析与评价报告，对项目在施工期间的 HSE 状况进行评价，并查阅现场执行 HSE 法规是否有缺陷，核对是否定期收到 HSE 报告等。

HSE 绩效指标主要有：百万工时死亡率、百万工时事件率、未遂事件数、损失工作日事件率、无损失工作日事件率、不符合关闭率、培训率等。

重点分析：HSE 目标管理、HSE 体系建立和执行情况、HSE 组织机构、安全教育培训、安全费用、设备设施、危险源管理、作业安全管理、职业健康管理、监督检查、应急管理、信息报送及事故处理，以及项目环境因素辨识与评价管理等。

3.3.6 建设工期进度

收集项目建设计划信息，批准的工程计划及变更文件等，查阅项目各单位工程的开工时间、目标完成时间、项目进度报告以及现场踏勘实际进度，与目标计划是否偏差，影响因素及纠偏方案，评估工程建设进度及交付是否存在风险。

重点关注相关环评、并网等外部许可审批办理计划，变电站送出工程计划，进出场道路及场地征收计划，风机供应计划，设计图纸交付计划及变更情况，大型吊装设备资源组织情况以及施工单位施工组织情况。

3.4 关键合同审查

3.4.1 购电协议 PPA

配合法律组审查购电协议 PPA 的关键条款，重点了解协议年限及剩余时间、年发电量要求、电站可用率规定、协议双方的规定义务和违约责任。

了解购电协议 PPA 的实际执行情况，合同发电量完成情况，电站可用率水平、调度限电情况等，以及是否存在技术争议和解决情况。

3.4.2 电网接入协议

配合法律组审查电网接入协议的关键条款，重点关注电网要求的接入技术条件、协议年限及剩余时间，以及是否允许扩建等信息。

3.4.3 主要设备合同

关键设备合同审查采用文件审查与现场检查相结合的方式进行，主要包括设备供货完整性、配置合规性、技术参数合理性、考核指标优越性、质保期限、备件来源及价格。

3.4.3.1 技术要求审查

（1）配置合规性审查。关键设备的实际主要零部件品牌配置应符合技术合同规定，主要部件品牌代用与变更手续应完整。

（2）设备技术参数审查。关键设备的主要技术参数应合理，满足设计与现场条件等要求。

（3）考核指标优越性审查。考核指标应处于行业先进或平均水平，考核方案应明确，不存在潜在合同风险。审查合同对设备的性能考核要求。

（4）供货范围完整性审查（含备品备件、特殊工具、技术文件与技术服务等）。审查合同中的进口范围、分包与外购范围；审查关键设备采购技术合同供货范围，并通过现场检查进行设备供货范围完整性核对。

3.4.3.2 合同条件审查

（1）审查设备质保期与项目质保期是否保持一致；审查供货范围。

（2）审查设备供应商应提供的技术服务项目（包括现场服务、设备培训等）。

（3）审查合同中的监造检验条款及供应商所提供的 ITP（监造检验计划）。

（4）审查供应商的第三方认证报告情况。

（5）审查合同对设备包装、运输的要求。

（6）审查合同设备的交货地点、交货状态及交货进度等。

对于风机、塔筒合同，应审查合同供货范围中对于运输工装的约定，是否包括在供货范围中及是否需要回运等。涉及大件运输的设备合同，应审查厂家组织的运输与业主或承包商组织的运输的衔接，以及对道路分界点的界定。

3.4.4　运维合同

对于实行整体或部分运维外包的风电场，审查相关运维合同，重点关注合同范围、分包运维组织和管理模式、运维绩效保证值、运维 HSE 考核指标、合同价格条款和合理性、与成本对比分析、双方义务和违约责任、合同年限及续约规定，以及合同条款和 PPA 要求的差异。

3.4.5　EPC 总承包合同

审查的主要目的在于确定工程总承包与行业标准和市场规范的符合性，分析 EPC 合同履行的关键影响因素，对有关重大发现和/或识别的风险进行总结。

重点关注合同中以下相关条款：

（1）缔约方、日期和期限，进度要求。

（2）工程范围、界限及变更是。

（3）承包商的责任范围与业主的责任范围界限划分。

（4）合同保证值和处罚规定。

（5）业主和承包商责任、义务以及违约责任。

3.5　运维管理评估

3.5.1　运维管理基本情况

对运维管理情况进行整体描述，包括资产运维模式是外包运维还是自行运维，运维合同、组织机构、近年关键运行指标等运维情况概述。对外包运维模式，重点关注运维服务合同有效时间、服务范围与服务价格，关注运维队伍市场资源情况，判断对其依赖程度等。针对自行运维模式，重点关注运维人员构成、运维中心分布、工作流程、安全管理等。

3.5.2 运维组织机构

对运维组织机构进行调查评估，包括：

（1）组织框架，岗位设置与职能等。

（2）各岗位人员数量。

（3）人员配置情况（机械方面、电气方面、现场运维人员受教育程度、现场运维人员培训、现场运维人员资质证书、管理人员资历和培训情况）。

（4）项目人员使用与调配方案等。

3.5.3 运维工作状态

结合现场尽调，对运维体系运行情况和运维工作状态进行评估，包括：

（1）运维管理流程体系执行情况，运行及设备台账、定值单、定检记录、技改计划及记录、备件更换记录、测风数据、发电数据等运维记录是否齐全。

（2）人员职业健康安全要求、培训情况与执行情况。

（3）应急预案和预警机制评估。

（4）现场设备运行情况。

（5）现场设备维护情况，维护和缺陷处理是否及时、到位。

（6）运维人员工作能力以及工作状态进行调查评估。

3.5.4 运行绩效分析

3.5.4.1 关键生产指标

根据风资源评估报告、历年发电量统计数据，评估净容量系数等关键生产指标的合理范围。收集风电场的运行情况资料并进行评估，包括：

（1）净容量系数（NCF）。描述风电场实际发电能力的指标，相当于我国风电行业的"年利用小时数"/8760h，计算公式为

$$NCF = 年总发电量/（总装机容量 \times 8760h）$$

（2）可靠系数/可利用率。从风电场业主处收集风电机组的历史年度时间可利用率信息，并与风电机组 PPA 合同中的可利用率保证值进行对比。

（3）收集风电场的历史年度限电情况。

（4）收集风电机组的功率曲线，并与风电机组合同中的保证功率曲线对比。

3.5.4.2 故障及维护情况

设备故障情况统计、对生产的影响分析、重要故障及事故、重大技术隐患及风险评估、维护成本情况统计。包括：

（1）收集风电机组的历史年度备件消耗及更换记录。

（2）收集并统计风电场投运以来的人员和风电场大部件的事故事件等。

3.5.4.3 运维绩效分析

根据上述关键生产指标和故障统计，分析近年来指标变化情况，评估运维绩效水平。关注重大事故及设备大修、风机大部件大修、更换情况，非计划停运事故的损失及应急处理情况，判断事故原因是否为设计缺陷，评估消缺费用。

3.5.4.4 运维成本评估

考察历史运维成本，分析成本构成，核算单位运维成本，与行业平均值进行比较以评估运维成本水平。预测未来运维成本支出情况，考察运维预算是否合理。

3.5.5 并购后运维工作的建议

针对现行运维模式、组织机构、生产指标、运维成本等方面提出并购后的运维工作建议，可以包括以下几方面：

（1）运维模式建议。

（2）人员配置优化建议。

（3）关键生产指标优化建议。

（4）节能、增加可用率等新技术应用和针对典型设备缺陷等进行技术改造的建议。

（5）针对事故预案、安全管理等方面的建议。

（6）其他建议。

3.6 施工建设评估

3.6.1 施工组织模式

审查施工组织总设计，包括施工组织设计的质量要求及审核程序、工程的施工组织机构情况，以及参建各方的沟通机制。

调查施工组织和技术管理制度/标准建立和实施情况，包括施工组织管理、专项方案和技术交底、HSE、质量管理及回顾与改进等管理要求。

检查施工场地"三通一平"、临建设施搭建，以及总平面管理情况。

审查工程开工报告和工程项目进行全过程管控、监督情况。

3.6.2　HSE 管理

通过查阅相关体系文件、HSE 管理记录及询问管理人员，对项目公司及项目 HSE 进行评估，重点审查内容如下：

（1）HSE 管理制度/标准。应包括项目前期管理、施工管理、生产准备、项目验收及回顾与改进等管理要求。管理制度/标准应符合所在国法律法规与其他有关要求。

（2）安全生产委员会和施工现场安全管理机构设置情况。

（3）逐级建立工程项目安健环目标指标情况。

（4）对承包商和分包商 HSE 管理情况检查，包括资质、体系、人员、分包合同要求。

（5）定期安全隐患排查情况；高风险作业管理情况；工程整体应急预案。

3.6.3　质量管理

3.6.3.1　质量管理体系

检查工程质量管理文件编制和执行情况，对质量目标、质量管理团队组织、人员资质、分层分级质量验收评价机制的实际执行情况做重点调查。

3.6.3.2　工程实体质量评价

（1）对风电机组、箱式变电站基础及变电站、升压站以及场内道路等土建构建筑物进行质量评价。现场检查并查阅工器具与资质、放线测绘、原材料、验槽和地基工程、基础环或上锚板水平度测量、混凝土工程、基础回填、隐蔽工程、防雷接地、沉降观测设置与记录、建筑屋面及墙面、装饰装修、建筑安装、场区环境、室内环境、试验检验、强制性条款执行，以及基础工程各阶段质量验收记录及评定意见等资料，包括施工技术方案和审批情况。

（2）对风电机组安装、调试与试运行施工质量进行评价，现场检查并查阅工器具与资质、机组基础中间验收交接、高强螺栓抽样送检及安装力矩、齿轮箱润滑油等复检结果、机组安装质量、防雷接地、机组调试质量、机组试运行质量、强制性条款执行及工程各阶段质量验收记录及评定意见等资料，包括施工技术方案和审批情况；针对已出质保风电场，还应对最终验收质量进行质量检查。

（3）对箱式变电站安装与试验进行质量评价，现场检查并查阅箱式变电站固定、电缆布置与接线、防火与防水密封等安装质量与交接试验及现场运行质量、防雷接地、强制性条款执行和各阶段质量验收记录及评定意见等资料，包括施工技术方案和审批情况。

（4）对集电线路安装（含电杆基坑及基础埋设）及调试工程进行施工质量评价，现场检查并查阅电杆基坑及基础埋设、架空杆塔与导线、电缆及附件、光缆、防雷接地、强制性条款执行、隐蔽工程（如电缆中间接头）和各阶段质量验收记录及评定意见等资料，包括施工技术方案和审批情况。

（5）对升压站设备安装和调试施工质量进行评价，现场检查并查阅升压站电气设备安装与调试及现场投入运行质量、防雷设施、接地系统、设备等电位接地、强制性条款执行和各阶段质量验收记录及评定意见等资料，包括施工技术方案和审批情况。

3.6.4　计划管理

3.6.4.1　实体进度检查

重点检查并评估现场实际进度情况，总体实际进度与进度计划偏差，设计、设备到货和现场施工进度计划的偏差分析，现场工期纠正措施的评估，对项目总体工期目标的完成情况和可能的偏差做出预判。

3.6.4.2　计划管理评价

调查项目工期目标、里程碑节点，分级进度计划编制和逐级细化分解情况。

调查进度管理制度制定和执行，包括进度变更审批、进度偏差原因分析、纠偏措施执行情况。检查生产协调会议解决施工进度计划问题的实际情况。

检查项目人力资源、施工机械及工器具、工程材料及设备等施工资源按施工组织总设计要求配置情况，以及监督检查施工方资源配置和动态管理情况。

3.7　现场尽职调查

3.7.1　现场调查的任务要点及问题清单

现场尽职调查的问题分为两类：第一类是管理层访谈时的问题，重点应放在外部条件、企业管理及运营绩效方面的问题；第二类是主要针对实际承担运维工作的员工，重点在设备状态和技术条件方面，问题不宜过于宏观。

3.7.2　现场调查对象

选择有代表性的风电场作为调查对象。可考虑的因素包括地理分布、总装机容量、投运年代、风机技术类型、区域电力市场、单位运维费用（单位电量和单位容量）等方面。

3.7.3　现场调查的目的

建立对风电场设备技术状态和运行维护情况的直观认识，并由此评估对方提供相关数据、例行报表、专题报告和其他材料的真实性和可信度。针对前期调查发现的疑点和其他问题通过现场调查予以澄清或核实，并根据现场情况灵活获取类似"风机每日出力曲线"这种对尽职调查有帮助的资料。

3.7.4　管理层访谈

听取管理层介绍，核实卖方披露信息，要求卖方解答前期尽职调查工作发现的问题，发现新问题。

3.7.5　设备设施勘查

对重点生产场所、设施进行现场勘查，了解主要设备运行情况，以及工程组织情况与施工进度，访谈现场生产人员，核实前期工作中发现的重点问题，掌握第一手资料。包括并不限于以下几方面。

3.7.5.1　土建工程

（1）混凝土基础位置、标高符合设计。

（2）风机基础牢固，无严重沉降，基础面光滑，无蜂窝麻面等现象；支架固定牢固；建构筑物符合设计及规范要求，无严重沉降及裂纹现象。

（3）场区平整，道路及大门等修建完毕，施工垃圾已清理；投运区域所有临时设备和系统已经拆除，道路通畅，满足消防要求。

（4）综合楼等主要建筑物装修完毕，屋面、地面防水质量合格，无渗漏；门、窗完好、严密，开启灵活。

（5）上下水道通畅，无积水，盖板平整；综合楼、生活楼等建筑的采暖、通风、空调等设施按设计配置齐全、完善，无损坏；寒冷地区的防冻措施有效。

（6）运行区域正式照明充分、完好，事故照明能正常切换，运行设备区域已有效隔离；危险区设有明显隔离措施和警示标识。

（7）防洪设施符合设计要求（如有）。

（8）电站围墙和围栏完备无缺损，电站安防监控系统运行正常，配置齐全。

（9）电缆沟盖板齐全、无缺损；电缆沟施工符合设计及规范要求。

（10）风机基础强度现场测试（主要对已开工或已建成项目，必要时委托第三方检测）。

（11）塔筒、接地扁铁及紧固件必须采用热镀锌或其防腐性能满足现场测试（主要对已开工或已建成项目，必要时委托第三方检测）。

3.7.5.2　电气工程

（1）风机安装应符合设计要求。

（2）风机的叶片、变桨轴承、变桨齿轮箱、变桨电动机、主轴承、齿轮箱、发电机、偏航轴承、偏航齿轮箱、偏航电动机、电控系统、变频器、变压器、主断路器、刹车系统品牌、规格以及现场调研情况，风机可利用率及考核条款、保证功率曲线及考核条款、认证情况、高低压电压穿越报告。

（3）防雷配电柜应安装规范，部件齐全，密封严密，交流电缆色标及标示牌明显、清晰。

（4）电缆规格和敷设路径应符合设计规定。

（5）输出端与支撑结构间的绝缘电阻应符合设计规定。

（6）接地装置的接地体尺寸和埋设深度及接地电阻符合设计规定。

（7）电气系统各项试验和调试按规定要求全部完成，试验结果符合国际标准和厂家技术标准的规定，调试报告齐全、规范，结论明确。

（8）发电单元系统及发电分系统的各项功能、参数符合规定。

（9）三相升压箱式变压器的电气回路投运正常，通信数据传输正常。

（10）设备生产信息化程度，包括但不限于生产集控情况、二次安防情况、链路安全情况、功率预测运行情况、现有技路线与调度要求的符合性。

（11）变压器本体及周围环境整洁、无渗油，照明设施良好，标志齐全，变压器运行温度不超过规定值，测温装置显示正确，有载分接开关动作正常。

（12）继电保护和自动装置按设计全部投入，无误动和拒动现象；继电保护和自动装置已按整定值通知单完成设置。

（13）所有电气设备盘、柜上的设备名称、编号齐全；二次线接线端子及各种电缆头上均有清晰"标牌"。

（14）全场防雷及过电压保护设施齐全、投用正常，接地电阻值符合设计要求，试验报告规范。有关电网安全的保护、自动装置、远动通信已按电网管理、调度部门的要求完成试验。

（15）电缆沟内电缆敷设整齐，无损伤；直埋电缆埋深符合规范要求，地面标桩符合要求。电力架空线路的塔杆组立、导线弧垂、相间距离、对地距离、对建筑物接近距离及交叉跨越距离等均符合设计要求。

（16）无功补偿SVG装置能够按照调度要求正常投入。

（17）备品备件配置种类及数量满足电站正常运行需要。

3.7.5.3　消防工程

（1）消防系统已按设计施工完毕，消防设施安装完成；消防器材按规定品种和数量摆放齐备；经消防主管部门验收，已签发同意使用的书面文件。

（2）升压站/开关站和所有变压器、控制中心，各类控制盘柜电缆孔（口）防火封堵完好、有效；电缆防火涂料及防火隔墙设置正确，符合设计和消防规定。

3.7.6　现场资料审核

（1）对现场尽职调查阶段获取的新资料进行整理核实。主要关注定期运维报告、故障分析报告等与资产运行关系密切的文件。

（2）上述现场技术尽职调查部分内容可根据目标风电场的规模和组成具体情况进行选址和调查内容的确定。

3.8 技术风险提示

3.8.1 风险分析

根据项目资料和工程实体检查情况，从项目合规文件核查、设计评价、施工质量检查、设备质量检查、运行维护评估等方面，以及设备选型、等效利用小时数、设备质量、施工质量、运维质量等重点关注问题，对风力发电场项目质量隐患和潜在风险进行全面分析评估。

3.8.2 风险分级

（1）一级风险（一般）：日常运维过程中的正常消缺事项。

（2）二级风险（较大）：未按国家标准、行业标准、设计规范执行的缺陷项；对安全生产造成较大隐患；设备存在的较大问题；普遍现象的一般问题。

（3）三级风险（严重）：存在涉及生态红线、建设程序严重违规、重大安全（包括政治、宗教、战争）与质量问题、发电量指标不达标影响项目收益等颠覆性事项。

3.8.3 风险防范措施

（1）对识别到的风险应进行提示，提出防范建议，并评估整改的可行性和经济性。

（2）根据文件资料检查与现场核对结果，分析与评估项目审批与合规文件中不符合、不完善等风险。

（3）对于风电场设计方案不符合有关规范、关键设备制造与运行质量不达标、施工建设阶段资料不全、建筑施工不符合设计及标准要求、运行维护体系不健全与未严格有效执行等提出意见和防范建议。

（4）对于项目实际风资源、发电量与设备可靠性等结果同设计或合同规定存在较大偏差，以及对于电力消纳存在较大困难与波动等情况，提出分析意见。

3.9 资产评估分析及建议

配合估值团队进行估值影响分析工作，依据估值模型输入需求，结合前期工作成果，根据目标资产的盈利模式、监管法规情况，对允许收入、电价、CAPEX、OPEX 等关键技术假设取值提出建议。

重点在对之前设备问题的分析、评估并相应修改调整风电资产估值模型的参数取值，协助估值工作组获得准确合理的资产价值。

对于风电资产最重要的指标包括机组容量、净容量系数、设备剩余寿命、设备可用率、运维成本和重大设备缺陷等。

3.9.1　装机容量

主要通过对机组设备的运行和检修维护报告的调查，核实机组实际运行状态，并以此确定风电场的实际装机容量。

3.9.2　净容量系数

主要通过对风电场历年发电及电量上网情况、年发电量、等效年利用小时数评估净容量系数的合理取值范围。对于还没有投产或投产运行时间较短（小于 2 年）的风电场，可以通过风资源评估报告评估净容量系数的合理范围。

3.9.3　设备剩余寿命

主要根据风电场所在国颁布的技术标准、设备购买协议的相关条款，再结合设备投运时间，适当考虑设备延寿估算剩余寿命。

3.9.4　设备可用率

对于已投产风电场，设备可用率可根据历史设备可用率的统计数据和设备制造商及运维承包商提供保证值，综合评估确定设备可用率合理的取值范围。

对于未投产或投产时间较短的风电场可以通过同类型风电场的设备可用率数据评估该指标的合理范围。一般这种设备可用率数据会由行业协会或者市场监管者发布，或者通过行业技术顾问获得。

3.9.5　运维成本

对于已投产风电场，可以根据历史运维成本数据估算未来运维成本的合理取值范围。对于未投产或投产时间较短的风电场，可以通过同类型风电场的运行成本数据估计合理取值范围。

3.9.6　重大设备缺陷

根据风电场运行、设备检修报告中对设备故障、缺陷的维修报告和根本原因分析报告判断故障的严重程度，估算消除故障所需的费用支出。

如果属于设计原因导致的故障，应预测其他同类型设备发生故障的概率，计算消除故障所需的费用支出。

3.10 谈判及交割技术支持

3.10.1 谈判签约

整理技术尽职调查工作发现的问题，分析其对资产价值、交易条款的影响，给出对应的解决方案。将上述部分整理成谈判要点，供决策者参考。

3.10.2 交割技术支持

项目签约后，配合相关部门开展交割工作。根据项目情况，在技术资料交接、资产清查统计等方面开展工作。

第4章

太阳能光伏发电技术尽职调查工作大纲

对太阳能光伏发电项目开展技术尽职调查，应了解所在国太阳能能源分布状况、发电发展状况和电力市场基本情况，对太阳能发电资产基本情况进行调查，包括发电设备、运行效率、配套变电设备等。对于运维管理情况包括关键合同和运维绩效的调查，应以集团公司太阳能发电技术标准相关文件的要求为主要参考依据。尽职调查工作需要为资产投资提供技术风险提示以及谈判支持。技术尽职调查主要内容包括合规文件核查、设计评价、施工质量检查、设备质量检查、运行维护评估、风险分析及防范措施、总体评价等。

4.1　资料收集

4.1.1　通用要求

4.1.1.1　资料来源

资料主要来源于卖方开放的数据库、市场监管部门公开资料、行业协会公开资料、政府及其他权威机构公开发布的数据资料。

一般在非约束性报价函提交前卖方不会开放数据库，而该阶段主要任务一般是熟悉资产所处市场监管环境和产品价格走势，因此主要从市场监管部门和政府部门的公开资料着手调查。如果卖方是公开募股的上市公司，其定期发布的财务及相关报表也是重要的信息来源。

在卖方接受买方非约束性报价后一般会开放数据库。数据库通常在项目正式结束以前都会保持开放。数据库中的资料文件由卖方自由调整，并根据买方发去的资料需求清单补充或者删除文件。

特许权协议、PPA、土地租赁协议、相关支付担保协议、并网协议、光资源评估报告、例行运维报告、故障检修报告、事故原因分析报告、EPC 合同、组件等主设备供货协议、运维协议、组件回收方案及成本分析报告等。

4.1.1.2　基本情况资料

项目的地理位置，项目占地区域的坐标，项目容量，占地面积，项目周边的环境情况并给出照片（包括但不限于光伏电站所在县交通现状图及规划图，光伏电站周边自然保护区、风景名胜区、森林公园、生态公益林、文物、机场、军事设施、矿山分布图等，光伏电站所在地总体规划报告及图纸，光伏电站所在地土地规划用地现状图），项目主要工程量统计，主要设备型号及参数、基础形式、支架形式等。

4.1.1.3　光资源分析资料

（1）可研相关数据。可研资源采用数据情况说明，以及可研发电量计算结果分析，可研报告采用系统效率等关键数据。

（2）实测基本信息和数值。项目现场实测数据，实测数据测试条件分析报告。

（3）数据完整性及有效性。实测数据的完整性检查与核对资料，包括对分析数据的完整性、有效性和可利用性的分析说明。

（4）资源分析及结论。依据实测数据完成的发电量计算结果和相应报告。

4.1.1.4　项目建设审批相关文件

包括但不限于接入系统文件、政府审批文件、土地权属文件、环保审批文件等。

4.1.1.5　项目周边光伏电站的情况（如有）

数量、容量、与拟收购项目的相对位置关系、投运时间、组件规格及支架形式、投运后最近一个完整年的上网小时数。

4.1.2　在运项目资料

4.1.2.1　概况资料

项目概况及项目工程特性一览表，项目设计文件（项目初步设计报告、施工图设计说明）及项目施工图、竣工图图纸。

4.1.2.2　项目建设审批相关文件

政府签署的项目"开发授权协议"、购电协议 PPA、环评报告及批复、环保审批文件、土地权属文件、矿产压覆报告（如需要）、地质及地震灾害报告（如需要）、接入系统方案、电力系统研究报告、与电网接入协议、送出线路路径、环评与许可文件、项目建设工程开工许可证、输电线路建设工程开工许可证。

4.1.2.3　光场和变电站等设备的相关的技术文件

光伏组件、支架、逆变器等设备及参数性能/保证功率曲线/可利用率保证值/及其他质保规定。

变电站一次、二次设备等其他设备的出厂证明、使用说明书、试验报告、图纸等技术文件。

4.1.2.4　光伏组件、逆变器的安全性评估

光伏组件、逆变器认证资料，包括但不限于功率曲线测试报告/载荷测试报告/电能质量测试报告/低电压穿越报告/机组并网适应性等。

4.1.2.5　工程建设质量

工程建设施工相关文件，包括但不限于项目建设组织和管理文件、合同执行管理文件、项目参建各单位概况、测量地形图和地勘报告、施工质量验收文件及单项调试文件、专项验收文件等资料、主要设备合同及规范（包括光伏组件、支架、逆变器、箱式变压器、电缆、升压站设备等）、电气材料及设备校验报告、施工阶段质量管理月度评估报告及专题报告、升压站设备安装工程电气、保护试验报告、升压站设备安装工程、主变压器线路、光伏进线试验报告、光伏方阵调试记录文件，包括机组整套试运验评签证，涉网及特殊试验措施、安全保护功能试验、报告、电气保护整定值等，现场技术档案和施工管理资料验收文件、工程竣工验收报告、消防、环评等验收报告等文件。

4.1.2.6　运行维护情况

光伏方阵调试手册/维护手册/故障手册/操作手册/整机及子系统软件清单及软件/光伏方阵维护记录/故障检修记录（包括但不限于日常检修、部件更换及维修等记录信息）；箱式变压器、线路及升压站等设备故障及日常检修记录；近一年的 SCADA 运行数据；现场调试报告、验收报告及出质保验收报告（含一般项和专项检测报告、该光伏电站功率曲线测试报告等）；近一年防雷及接地监测报告（用以复核项目实测接地电阻是否满足设计要求）。

4.1.3　在建项目资料

4.1.3.1　概况资料

项目概况及项目工程特性一览表，项目设计文件（项目初步设计报告、施工图设计说明）及项目施工图纸。

4.1.3.2　项目建设审批相关文件

政府签署的项目"开发授权协议"、购电协议 PPA、环评报告及批复、环

保审批文件、土地权属文件、矿产压覆报告（如需要）、地质及地震灾害报告（如需要）、接入系统方案、电力系统研究报告、与电网接入协议、送出路线路径、环评与许可文件、项目建设工程开工许可证、输电线路建设工程开工许可证。

4.1.3.3 光场、变电站等设备的相关的技术文件

组件、支架和逆变器零部件清单及参数性能、保证功率曲线、可利用率保证值及其他质保规定。

变电站一次、二次设备等其他设备的出厂证明、使用说明书、试验报告、图纸等技术文件。

4.1.3.4 光伏组件、逆变器的安全性评估

组件和逆变器及主要零部件认证资料，包括但不限于功率曲线测试报告/载荷测试报告、组件的衰减、电能质量测试报告、低电压穿越报告、机组并网适应性等。

4.1.3.5 工程建设质量

工程建设施工相关文件，包括但不限于项目建设组织和管理文件、合同执行管理文件、项目参建各单位概况、测量地形图和地勘报告、施工质量验收文件及单项调试文件、专项验收文件等资料、主要设备合同及规范（包括组件、箱式变压器、电缆、升压站设备等）、电气材料及设备校验报告、施工阶段质量管理月度评估报告及专题报告、升压站设备安装工程电气、保护试验报告、升压站设备安装工程主变线路光伏进线试验报告、光伏方阵调试记录文件，包括系统整套试运验评签证，涉网及特殊试验措施、安全保护功能试验、报告、电气保护整定值等，现场技术档案和施工管理资料。

4.1.4 开发权项目资料

4.1.4.1 项目的设计资料

项目概况说明及初步的工程特性一览表，项目设计文件（项目建议书、项目可行性研究报告）及可行性研究设计图纸。

4.1.4.2 项目建设审批相关文件

政府签署的项目"开发授权协议"、购电协议 PPA、社会环评报告及批复、环保审批文件、土地权属文件、矿产压覆报告（如需要）、地质及地震灾

害报告（如需要）、接入系统方案、电力系统研究报告、与电网接入协议、送出路线路径、环评与许可文件、军事和文物等其他部门出具的批复文件（如需要）。

4.2 项目建设条件调查（适用于开发权项目）

4.2.1 太阳能资源

项目太阳能资源复核工作按照 GB/T 37526 或 IEC、IEEE 等标准规定执行。可采用卫星遥感观测数据、气候学推测数据或太阳能气象观测站监测的数据进行复核。获取气象数据后，应进行以下数据验证：

（1）完整性验证。数据时间顺序应与预期的时间顺序相同，数据数量应等于预期记录的数据数量。

（2）合理性验证。总辐射最大辐照度小于 $2kW/m^2$，散射辐射数值应小于总辐射数值。日总辐射量小于可能的总辐射量，可能的总辐射量应符合 GB 50797 附录 A 的规定。

（3）验证处理。对不合理和缺测的数据应进行修正，并补充完整。

根据气象数据分析结果，按照 GB/T 37526 或 IEC、IEEE 等标准的划分标准，对项目太阳能资源丰富程度和稳定程度进行评价。

对于有倾角的光伏方阵，计算全年辐射量最大的倾角数值范围。根据最大辐射量对应的角度确定最佳倾角，并计算光伏电站实际安装倾角的辐射度损失量。对于山地或有水平面遮挡的安装地区，倾角计算应考虑地形地貌及周边建筑物等因素。

对于有倾角的光伏方阵，计算光伏方阵各排、列的间距或太阳能电池方阵与建筑物的距离，保证每天 9：00～15：00（当地真太阳时）时间段内前后无遮挡。

4.2.2 主要建设条件

4.2.2.1 地质水文条件

项目拟建场址所在地的基本地质条件，初步地质勘探资料，推荐的地基处理方式，所在地的洪水位、内涝水位等。

4.2.2.2 场地及运输条件

（1）从生产厂家、港口至项目现场沿线道路的路面类型、宽度、限高、转弯半径等是否满足组件及变电设备的运输要求。

（2）光伏场区征地情况。征地范围、征地年限等。

（3）场内已有道路的路况。路面类型、路线、路宽、坡度等。

（4）场内新建道路修建难易评估。地形、地貌、地表植被、建构筑物、道路坡度、道路开挖土石比例。

（5）升压站选址。位置、地形、地貌、周围环境，是否受洪水、坡面流水威胁，升压站对外交通、出线方向。

4.2.2.3 电气设计条件

（1）接入系统审批情况，接入系统报告及审查意见，获得批准的接入系统方案。

（2）主要电气设备（汇流箱、逆变器、箱式变压器、主变压器、高压配电装置、无功补偿装置）选型所应用的规程规范。

（3）交直流电缆载流量计算报告，电缆选型标准和电缆型号规格。

（4）箱式变压器选型原则和应用标准，包括消防、环保、安全标准要求。

（5）光伏场区、升压站接地方案设计应用标准，设计原则和主要方案，采用降阻方案的设计标准、计算方法和主要方案。

4.2.2.4 送出线路（如有）

线路路径协议及审批文件，线路路径规划方案，线路设计初步方案、主要技术指标。重点调查线路沿线建设条件及后续建设的难点、关键点。

4.2.2.5 土建设计条件

（1）箱式逆变器、支架厂家资料，包括基础设计荷载、支架尺寸质量资料等。

（2）支架基础及升压站建（构）筑物桩基形式、地基处理方案。

（3）当地钢材、钢筋的种类和标准；水泥和混凝土的标号和强度值、防腐要求等。

4.2.3 项目许可要求

重点检查项目开发必需的土地、环保、发电等许可的审批流程和关键技术要求。根据项目所在国实际情况，审批文件应包括并不限于以下内容：

政府颁发的"太阳能光伏发电开发授权协议"、购电协议 PPA、环评报告及批复、环保审批文件、土地权属文件、矿产压覆报告（如需要）、地质及地震灾害报告（如需要）、接入系统方案、电力系统研究报告、与电网接入协议、送出路线路径、环评和许可文件，以及与土地拥有者签订的土地使用协议或购买合同。

4.2.4　可研技术方案与结论

技术方案评价的主要内容包括：评估资源水平、所选组件、支架和逆变器的方案、箱式变压器选型、集电线路和送出线路方案；评估升压站内电气一次、电气二次、通信设备等主要设备的配置情况；评估项目集电线路及送出方案；评估消防设施、给排水方案；评估项目环境保护与水土保持设计。

4.2.4.1　光资源评估

（1）可研相关数据。简单描述可研资源采用数据情况，以及可研发电量计算结果分析，说明可研报告采用系统效率等关键数据。

（2）实测基本信息和数值。根据项目现场实测数据分析，分析项目实测数据测试条件，以及实测数据的完整性，确定实测数据是否可以作为后续计算电量的依据。

（3）数据完整性及有效性。对整体数据进行基本的分析和判断，主要分析数据的完整性、有效性和可利用性。

（4）资源分析及结论。对项目所在地资源整体分析结果进行清晰明确的描述。

4.2.4.2　发电量评估及预测

（1）所选数据源时间周期。进行理论发电量计算时资源选取数据应至少为一个完整年，同时收集本地区所在地多年辐照数据量，并通过对数据进行整理分析，判定所选数据年是否需要进行修正等。

（2）装机容量配置。应通过设备采购合同、技术协议以及现场实际统计数据，对比核实准确实际的装机容量，以及逆变器的容配比。如果容配比过高，应判断是否合理。

（3）发电量预测。对整体预测情况进行表述，包含首年发电量、等效利用小时数、运行期总的发电量，以及年平均发电量、等效利用小时数。

4.2.4.3 主要设计方案

（1）升压站的布置形式，评估升压站内电气一次、电气二次、通信设备等主要设备的配置情况。

（2）评估项目集电线路及送出方案，评估道路及运输方案的合理性。

（3）评估消防设施、给排水方案；评估项目环境保护与水土保持设计。

4.2.5 标准与规范（收集项目当地执行）

调查项目所在地光伏设计应遵守的设计规程规范和各项标准，与我国国内规程规范及设计标准进行对标，对有可能存在的国内外标准差异提出技术建议，评估这些差异对项目技术方案和性能指标可能造成的影响。

需关注的标准应用差别主要包括：太阳能资源评估方式、发电量计算方法、逆变器选型及无功补偿要求、光伏场内直流电缆选型，升压站内电气一次、电气二次、通信设备的配置要求，交流电缆选型、涉网设备性能要求。

4.3 资产基本情况审查（适用于在运、在建项目）

4.3.1 资产规模与分布

根据卖方公开数据，统计太阳能光伏发电装机容量、项目数量、地理位置、行政区划和所属区域电力市场。

了解太阳能光伏发电的不同项目及相应比重，比如按投运状态（已投运、未投运）、组件逆变器制造商、区域电力市场、光伏发电规模、产能或光资源优劣等。

4.3.2 主要技术方案

4.3.2.1 发电量复核

（1）在建项目发电量复核。对可研发电量进行复核。

（2）在运项目发电量复核。对可研发电量进行复核；实际发电量与可研发电量复核，并分析原因。

1）根据太阳能资源复核数据，计算光伏组件倾斜面上的太阳能辐射量。不同倾斜面的光伏组件容量应分别统计。

2）结合电站实际运行数据，并参考该地区同类型光伏电站系统效率实际数据，对设计文件中的系统效率合理性进行评价。

3）光伏电站中如有不同光伏组件类型、不同倾斜面、不同逆变系统，理论发电量应分别进行计算。光伏发电站第0年理论发电量计算式为

光伏电站第0年理论发电量 = 装机容量 × 光伏组件表面太阳能辐射量 × 系统效率

4）根据光伏组件年衰减率，对项目整个寿命期内总发电量、年平均发电量及年等效利用小时数进行计算。对设计文件中年均发电量和年等效利用小时数的合理性进行评价。

4.3.2.2 土建设计评价

（1）土建设计评价依据符合项目所在国国家、行业建筑结构工程有关标准规定。

（2）光伏支架、基础和桩基设计应受力明确、传力清晰简洁，设计方案应基于完整的计算书。

4.3.2.3 电气设计评价

（1）接入系统方案和站内相关电气设备参数要求应执行相关主管部门关于光伏电站接入系统设计的审查意见，并在时效期内。

（2）电气主接线图设计评价依据接入系统批复文件执行。

（3）升压站主变压器、配电装置设计评价依据当地电网公司的相关要求。

（4）集电线路设计、送出线路设计、电缆设计评价依据当地标准和电网相关要求。

（5）电能质量和电压调节能力应符合当地电网公司的相关要求。

（6）无功补偿装置配置应满足当地电网要求，无功功率和电压调节能力应满足相关标准、规程的规定。

（7）升压站区和就地逆变升压室的过电压保护和接地应符合当地电网公司的相关要求。

4.3.2.4 消防设计评价

（1）消防设计应符合当地标准，从防火、监测、报警、控制、灭火、排烟、逃生等方面设计。

（2）审查升压站建构筑物与站外及建筑、堆场、储罐的防火间距及升压站内建构筑物及设备的防火间距；灭火器配置、消防沙箱的数量、容积及消防铲配置应满足要求。

（3）审查消防水源及消防用水量、室内外消火栓系统布置是否满足要求。

（4）审查电缆的耐火阻燃性能及防火封堵，变压器及其他带油电气设备消防，消防供电、应急照明及疏散指示标志，火灾自动报警和联动控制系统，蓄电池室消防设计。

4.3.3 设备技术规范

评估关键设备的供货厂家市场占有率和经营情况，以及设备的可替换性，核实电站的备品备件补充方案，以及关键设备出质保期之后的采购成本。

4.3.3.1 组件选型评价

主要检查与评价组件认证与性能测试报告的有效性、组件衰减、故障率、组件设计等级与资源的匹配性、技术路线成熟度、关键部件性能符合性、关键零部件配置水平、关键系统技术要求合理性、特殊环境设备适应性等。

4.3.3.2 箱式变压器、逆变器选型评价

主要检查与评价关键原材料品牌配置水平、材料性能与项目环境匹配性，技术路线成熟度、技术要求合理性等。

4.3.3.3 主变压器和箱式变电站选型评价

主要检查与评价关键原材料品牌与技术规定（硅钢片、励磁线、损耗等）、性能及试验技术规定、特定环境的适应性与安全性，常发故障与故障率情况、技术路线成熟度等。

4.3.3.4 GIS、开关柜和SVG设备

主要检查与评价关键原材料品牌与技术规定，设备整体性能及试验技术规定，特定环境的适应性与安全性、技术路线成熟度等。

4.3.3.5 电缆设备选型评价

主要检查与评价电缆结构要求、性能及试验技术规定、特定环境的适应性与安全性、技术路线成熟度等。

4.3.3.6 电气二次设备选型与评价

主要检查与评价设备品牌、测量与检测精度、性能及试验技术规定、特

定环境的适应性与安全性等。

4.3.4　主要技术性能指标

主要性能指标可以分别与国家电力投资集团有限公司战略规划部和光伏产业中心发布的年度/月度对标评价报告进行对标,重点对标设计投资回收系数、概算－决算降幅、项目决算完成率、千瓦造价、度电造价、千瓦利润、利用小时比、销售电价比、实际投资回收系数等。

4.3.5　HSE 绩效

了解 HSE 相关的政府许可证、现有的防护设施设备、现有的保险与赔偿事务、管理与应急机制。环境影响评价、环保竣工验收、总量/排污许可证、"三废"处理及排放、对周边社区及生态的影响。项目所在地与劳工保护相关的法律框架、劳工保护法规执行情况、周边的社区情况、周边的社会治安状况。

调查主要职业健康危害因素、职业健康管理相关许可、劳动防护措施、职业健康保险与赔偿状况、职业健康管理构架与能力。土壤和地下水污染情况、违反所在国家和地区的环境法规情况、因违反 HSE 相关法律受到监管方的处罚及其处理情况。噪声处理、文物保护、鸟类及动物保护规定、劳工组织的作用及权利。

4.3.5.1　在运项目

收集项目 HSE 统计数据、HSE 绩效分析与评价报告,进行安全性评估:审查 HSE 目标值完成情况、目标值与法律法规的符合情况、目标实施过程中对法律法规的遵守情况、目标实施的进度、对策措施的准确性、目标控制的有效性、定性目标的针对性、安全生产责任制的履职情况等。

重点分析:电气作业、高处作业、起重作业、机械作业、特殊天气作业等劳动安全;生产区域地面(水面)、屋面状况,场区道路应有必要的交通指示牌,生产区域照明,安全标识,防火防爆灯等作业环境;以及安全生产目标、安全生产责任制、安全生产管理体系、法律法规及标准、反事故措施与安全技术劳动保护措施管理、安全生产培训、安全例行工作、反违章、应急管理、安全事故调查及安全奖惩等安全生产管理。

4.3.5.2　在建项目

收集项目 HSE 统计数据、HSE 绩效分析与评价报告,对项目在施工期间的 HSE 状况进行评价，并查阅现场执行 HSE 法规是否有缺陷，核对是否定期收到 HSE 报告等。

HSE 绩效指标主要有：百万工时死亡率、百万工时事件率、未遂事件数、损失工作日事件率、无损失工作日事件率、不符合关闭率、培训率等。

重点分析：HSE 目标管理、HSE 体系建立和执行情况、HSE 组织机构、安全教育培训、安全费用、设备设施、危险源管理、作业安全管理、职业健康管理、监督检查、应急管理、信息报送及事故处理，以及项目环境因素辨识与评价管理等。

4.3.6 建设工期进度

收集项目建设计划信息、批准的工程计划及变更文件等，查阅项目各单位工程的开工时间、目标完成时间、项目进度报告以及现场踏勘实际进度，与目标计划是否偏差，影响因素及纠偏方案，评估工程建设进度及交付是否存在风险。

重点关注相关环评、并网等外部许可审批办理计划，变电站送出工程计划，进出场道路及场地征收计划，支架及光伏组件供应计划，设计图纸交付计划及变更情况，大型吊装设备资源组织情况及施工单位施工组织情况。

4.4 关键合同审查

4.4.1 购电协议 PPA

配合法律组审查购电协议 PPA 的关键条款，重点了解协议年限及剩余时间、年发电量要求、电站可用率规定，以及协议双方的规定义务和违约责任。

了解购电协议 PPA 的实际执行情况，合同发电量完成情况，电站可用率水平、调度限电情况等，以及是否存在技术争议和解决情况。

4.4.2 电网接入协议

配合法律组审查电网接入协议的关键条款，重点关注电网要求的接入技术条件、协议年限及剩余时间，以及是否允许扩建等信息。

4.4.3 主要设备合同

主要设备合同审查采用文件审查与现场检查相结合的方式进行，主要包括设备供货完整性、配置合规性、技术参数合理性、考核指标优越性。

4.4.3.1　技术要求审查

（1）配置合规性审查。关键设备的实际主要零部件品牌配置应符合技术合同规定，主要部件品牌代用与变更手续应完整。

（2）设备技术参数审查。关键设备的主要技术参数应合理，满足设计与现场条件等要求。

（3）考核指标优越性审查。考核指标应处于行业先进或平均水平，考核方案应明确，不存在潜在合同风险。审查合同对设备的性能考核要求。

（4）供货范围完整性审查（含备品备件、特殊工具、技术文件与技术服务等）。审查合同中的进口范围、分包与外购范围；审查关键设备采购技术合同供货范围，并通过现场检查进行设备供货范围完整性核对。

4.4.3.2　合同条件审查

（1）审查设备质保期与项目质保期是否保持一致；审查供货范围。

（2）审查设备供应商应提供的技术服务项目（包括现场服务、设备培训等）。

（3）审查合同中的监造检验条款及供应商所提供的 ITP（监造检验计划）。

（4）审查供应商的第三方认证报告情况。

（5）审查合同对设备包装、运输的要求。

（6）审查合同设备的交货地点、交货状态及交货进度等。

（7）应注意光伏组件通常供货范围中应包含 1 块/MW 的组件作为备件。应审查厂家组织的设备运输与业主或承包商组织的运输的衔接，以及对道路分界点的界定。

4.4.4　运维合同

对于实行整体或部分运维外包的光伏发电项目，审查相关运维合同，重点关注合同范围、分包运维组织和管理模式、运维绩效保证值、运维 HSE 考核指标、双方义务和违约责任、合同年限及续约规定，以及合同条款和 PPA 要求的差异。

4.4.5　EPC 总承包合同

审查的主要目的在于确定工程总承包与行业标准和市场规范的符合性，

分析 EPC 合同履行的关键影响因素，对有关重大发现和/或识别的风险进行总结。

重点关注合同中以下相关条款：

（1）缔约方、日期和期限，以及进度要求。

（2）工程范围、界限及变更。

（3）承包商的责任范围与业主的责任范围界限划分。

（4）合同保证值和处罚规定。

（5）业主和承包商责任、义务以及违约责任。

4.5 运维管理评估

4.5.1 运维管理基本情况

对运维管理情况进行整体描述，包括资产运维模式是外包运维还是自行运维，运维合同、组织机构、近年关键运行指标等运维情况概述。对外包运维模式，重点关注运维服务合同有效时间、服务范围与服务价格，关注运维队伍市场资源情况，判断对其依赖程度等。针对自行运维模式，重点关注运维人员构成、运维中心分布、工作流程、安全管理等。

4.5.2 运维组织机构

对运维组织机构进行调查评估，包括以下方面：

（1）组织框架、岗位设置与职能等。

（2）各岗位人员数量。

（3）人员配置情况（机械方面、电气方面、现场运维人员受教育程度、现场运维人员培训、现场运维人员资质证书、管理人员资历和培训情况）。

（4）项目人员使用与调配方案等。

4.5.3 运维工作状态

结合现场尽调，对运维体系运行情况和运维工作状态进行评估，包括以下方面：

（1）运维管理流程体系执行情况，运行及设备台账、定值单、定检记录、巡检制度和记录、技改计划及记录、备件更换记录、发电数据等运维记录是否齐全。

（2）人员职业健康安全要求、培训情况与执行情况。

（3）应急预案和预警机制评估。

（4）现场设备运行情况。

（5）现场设备维护情况，维护和缺陷处理是否及时、到位。

（6）对运维人员的工作能力及工作状态进行调查评估。

4.5.4 运行绩效分析

4.5.4.1 关键生产指标

（1）交易电量、太阳能电站综合系数、太阳能电站发电效率、太阳能电池板衰减率等。

（2）根据电站关口表记录的发电量、功率等数据，结合太阳能电站的实际发电量、年等效满负荷小时数等，对设计阶段提供的理论发电量、年发电量综合折减率、年上网电量、年等效满负荷小时数、容量系数等进行数据校对及评价。

4.5.4.2 故障及维护情况

设备故障情况统计、对生产的影响分析、重要故障及事故、重大技术隐患及风险评估、维护成本情况统计，包括以下方面：

（1）收集各太阳能电站的历史年度备件消耗及更换记录。

（2）收集并统计太阳能电站投运以来的人员和太阳能电站大部件的事故事件等。

4.5.4.3 运维绩效分析

根据上述关键生产指标和故障统计，分析近年来指标变化情况，评估运维绩效水平。关注重大事故及设备大修、太阳能大修、更换情况及清洗频率，非计划停运事故的损失及应急处理情况，判断事故原因是否为设计缺陷，评估消缺费用。

4.5.4.4 运维成本评估

考察历史运维成本，分析成本构成，核算单位运维成本，与行业平均值进行比较以评估运维成本水平。预测未来运维成本支出情况，考察运维预算是否合理。

4.5.5 并购后运维工作的建议

针对现行运维模式、组织机构、生产指标、运维成本等方面提出并购后的运维工作建议，可以包括以下几方面：

（1）运维模式建议。

（2）人员配置优化建议。

（3）关键生产指标优化建议。

（4）节能、增加可用率等新技术应用和针对典型设备缺陷等进行技术改造的建议。

（5）针对事故预案、安全管理等方面的建议。

（6）其他建议。

4.6 施工建设评估

4.6.1 施工组织模式

审查施工组织总设计，包括施工组织设计的质量要求及审核程序、工程的施工组织机构情况，以及参建各方的沟通机制。

调查施工组织和技术管理制度/标准建立和实施情况，包括施工组织管理、专项方案和技术交底、HSE、质量管理及回顾与改进等管理要求。

检查施工场地"三通一平"、临建设施搭建，以及总平面管理情况。

审查工程开工报告和工程项目进行全过程管控、监督情况。

4.6.2 HSE 管理

通过查阅相关体系文件、HSE 管理记录以及询问管理人员，对项目公司及项目 HSE 进行评估，重点审查内容如下：

（1）HSE 管理制度/标准。应包括项目前期管理、施工管理、生产准备、项目验收及回顾与改进等管理要求。管理制度/标准应符合所在国法律法规与其他有关要求。

（2）安全生产委员会和施工现场安全管理机构设置情况。

（3）逐级建立工程项目安健环目标指标情况。

（4）对承包商和分包商 HSE 管理情况检查，包括资质、体系、人员、分包合同要求。

（5）定期安全隐患排查情况；高风险作业管理情况；工程整体应急预案。

4.6.3 质量管理

4.6.3.1 质量管理体系

检查工程质量管理文件编制和执行情况，对质量目标、质量管理团队组织、人员资质、分层分级质量验收评价机制的实际执行情况做重点调查。

4.6.3.2 工程实体质量评价

（1）对土建及运行环境进行质量评价。现场检查并查阅工器具与资质、放线测绘、原材料、验槽和地基工程、混凝土工程、基础回填、隐蔽工程、钢结构、防雷接地、沉降观测设置与记录、建筑屋面及墙面、装饰装修、建筑安装、防水工程、室内环境、试验检验、强制性条款执行，以及基础工程各阶段质量验收记录及评定意见等资料，包括施工技术方案和审批情况。

（2）对光伏场区施工质量进行评价，现场检查并查阅光伏支架、光伏组件、光伏汇流箱、光伏逆变器、箱式变压器、防雷接地、光伏电缆等施工质量验收和评定资料，包括施工技术方案和审批情况。

其中光伏支架方位和倾角、防腐良好，跟踪机械转动情况要重点查看。

（3）对架空线路施工质量进行评价，现场检查并查阅原材料技术资料、检验记录、试验报告齐全，基础混凝土和杆塔强度、外观质量、线路防护设施、各类标识符、隐蔽工程签证等各阶段质量验收记录及评定意见等资料，包括施工技术方案和审批情况。

其中沿线环境影响线路安全的情况，杆塔垂直度、横担、杆塔部件、线路部件及金具锈蚀、缺损等情况应重点检查。

（4）直埋电缆线路专业电缆等产品质量技术文件齐全，直埋电缆埋设深度、弯曲半径、保护措施等符合设计规范要求，电缆及接头附件安装记录齐全，密封良好，各类标识齐全，电缆绝缘检测、耐压试验、参数测试合格，隐蔽工程签证、验收记录齐全。

（5）对升压站设备安装和调试施工质量进行评价，主要查阅升压站电气设备安装与调试及现场投入运行质量、防雷设施、接地系统、设备等电位接地、强制性条款执行和各阶段质量验收记录及评定意见等资料，包括施工技术方案和审批情况。

升压站内设备，如光功率预测、电能质量设备、电能计量装置等，应实现正常监控。

4.6.4 计划管理

4.6.4.1 实体进度检查

重点检查并评估现场实际进度情况，总体实际进度与进度计划偏差，设计、设备到货和现场施工进度计划的偏差分析，现场工期纠正措施的评估，对项目总体工期目标的完成情况和可能的偏差做出预判。

4.6.4.2 计划管理评价

（1）调查项目工期目标、里程碑节点，分级进度计划编制和逐级细化分解情况。

（2）调查进度管理制度制定和执行，包括进度变更审批、进度偏差原因分析、纠偏措施执行情况。检查生产协调会议解决施工进度计划问题的实际情况。

（3）检查项目人力资源、施工机械及工器具、工程材料及设备等施工资源按施工组织总设计要求配置情况，以及监督检查施工方资源配置和动态管理情况。

4.7 现场尽职调查

4.7.1 现场调查的任务要点及问题清单

现场尽职调查的问题分为两类：第一类是管理层访谈时的问题，重点应放在外部条件、企业管理及运营绩效方面的问题；第二类是主要针对实际承担运维工作的员工，重点在设备状态和技术条件方面，问题不宜过于宏观。

4.7.2 现场调查对象

选择有代表性的太阳能电站作为调查对象。可考虑的因素包括地理分布、总装机容量、投运时间、技术方案、区域电力市场、单位运维费用（单位电量、单位容量）等方面。

4.7.3 现场调查的目的

建立对太阳能电站设备技术状态和运行维护情况的直观认识，并由此评估卖方提供相关数据、例行报表、专题报告及其他材料的真实性和可信度。针对前期调查发现的疑点和其他问题，通过现场调查予以澄清或核实，并根据现场情况获取其他对尽职调查有帮助的资料。

4.7.4 管理层访谈

听取管理层介绍，核实卖方披露信息，要求卖方解答前期尽职调查工作发现的问题，发现新问题。

4.7.5 设备设施勘查

对重点生产场所、设施进行现场勘查，了解主要设备运行情况、工程组织情况与施工进度，访谈现场生产人员，核实前期工作中发现的重点问题，掌握第一手资料，包括并不限于以下几方面。

4.7.5.1 土建工程

（1）混凝土基础位置、标高符合设计。

（2）光伏组件支架基础牢固，无严重沉降，基础面光滑，无蜂窝麻面等现象；支架固定牢固；建构筑物符合设计及规范要求，无严重沉降、无裂纹现象。

（3）场区平整，道路及大门等修建完毕，施工垃圾已清理；投运区域所有临时设备和系统已经拆除，道路通畅，满足消防要求。

（4）监控楼等主要建筑物装修完毕，屋面、地面防水质量合格，无渗漏；门、窗完好、严密，开启灵活。

（5）上下水道通畅，无积水，盖板平整；监控楼、生活楼等建筑的采暖、通风、空调等设施按设计配置齐全、完善，无损坏；寒冷地区的防冻措施有效。

（6）运行区域正式照明充分、完好，事故照明能正常切换，运行设备区域已有效隔离；危险区设有明显隔离措施和警示标识。

（7）防洪设施符合设计要求（如有）。

（8）电站围墙和围栏完备无缺损，电站安防监控系统运行正常，配置齐全。

（9）电缆沟盖板齐全、无缺损；电缆沟施工符合设计及规范要求。

（10）光伏组件支架基础强度现场测试（主要对已开工或已建成项目，必要时委托第三方检测）。

（11）支架、接地扁铁及紧固件必须采用热镀锌或其防腐性能满足现场测试（主要对已开工或已建成项目，必要时委托第三方检测）。

4.7.5.2　电气工程

（1）光伏组件安装应符合设计要求。

（2）光伏组件、逆变器、汇流箱和箱式变压器等系统品牌、规格以及现场调研情况，设备可利用率及考核条款、保证功率曲线及考核条款、认证情况、高低压电压穿越报告。

（3）防雷配电柜应安装规范、部件齐全、密封严密，交流电缆色标及标示牌明显、清晰。

（4）电缆规格和敷设路径应符合设计规定。

（5）输出端与支撑结构间的绝缘电阻应符合设计规定。

（6）接地装置的接地体尺寸和埋设深度及接地电阻符合设计规定。

（7）电气系统各项试验和调试按规定要求全部完成，试验结果符合国际标准和厂家技术标准的规定，调试报告齐全、规范，结论明确。

（8）发电单元系统及发电分系统的各项功能、参数符合规定。

（9）三相升压箱式变压器的电气回路投运正常，通信数据传输正常。

（10）设备生产信息化程度，包括但不限于生产集控情况、二次安防情况、链路安全情况、功率预测运行情况、现有技路线与调度要求的符合性。

（11）变压器本体及周围环境整洁、无渗油，照明设施良好，标志齐全，变压器运行温度不超过规定值，测温装置显示正确，有载分接开关动作正常。

（12）继电保护和自动装置按设计全部投入，无误动和拒动现象；继电保护和自动装置已按整定值通知单完成设置。

（13）所有电气设备盘、柜上的设备名称、编号齐全；二次线接线端子及各种电缆头上均有清晰"标牌"。

（14）全场防雷及过电压保护设施齐全、投用正常，接地电阻值符合设计要求，试验报告规范。有关电网安全的保护、自动装置、远动通信已按电网管理、调度部门的要求完成试验。

（15）电缆沟内电缆敷设整齐，无损伤；直埋电缆埋深符合规范要求，地面标桩符合要求。电力架空线路的塔杆组立、导线弧垂、相间距离、对地距离、对建筑物接近距离及交叉跨越距离等均符合设计要求。

（16）无功补偿 SVG 装置能够按照调度要求正常投入。

（17）备品备件配置种类及数量满足电站正常运行需要。

4.7.5.3 消防工程

消防系统已按设计施工完毕，消防设施安装完成；消防器材按规定品种和数量摆放齐备；经消防主管部门验收，已签发同意使用的书面文件。

升压站和所有变压器、控制中心，各类控制盘柜电缆孔（口）防火封堵完好、有效；电缆防火涂料及防火隔墙设置正确，符合设计和消防规定。

4.7.6 现场资料审核

对现场尽职调查阶段获取的新资料进行整理核实。主要关注定期运维报告、故障分析报告等与资产运行关系密切的文件。

上述现场技术尽职调查部分内容可根据目标光伏发电项目的规模和组成具体情况进行选址和调查内容的确定。

4.8 技术风险提示

4.8.1 风险分析

根据项目资料和工程实体检查情况，从项目合规文件核查、设计评价、施工质量检查、设备质量检查、运行维护评估等方面，以及设备选型、等效利用小时数、设备质量、施工质量、运维质量等重点关注问题，对太阳能光伏发电项目质量隐患和潜在风险进行全面分析评估。

4.8.2 风险分级

一级风险（一般）：日常运维过程中的正常消缺事项。

二级风险（较大）：未按国家标准、行业标准、设计规范执行的缺陷项；对安全生产造成较大隐患；设备存在的较大问题；普遍现象的一般问题。

三级风险（严重）：存在涉及生态红线、建设程序严重违规、重大安全（包括政治、宗教、战争）与质量问题、发电量指标不达标影响项目收益等颠覆性事项。

4.8.3　风险防范措施

对识别到的风险应进行提示，提出防范建议，并评估整改的可行性和经济性。

根据文件资料检查与现场核对结果，分析与评估项目审批与合规文件中不符合、不完善等风险。

对于太阳能光伏发电设计方案不符合有关规范、关键设备制造与运行质量不达标、施工建设阶段资料不全、建筑施工不符合设计及标准要求、运行维护体系不健全与未严格有效执行等提出意见和防范建议。

对于项目设计利用小时数的计算、发电量与设备可靠性等结果与设计或合同规定存在较大偏差，以及对于电力消纳存在较大困难与波动等情况，提出分析意见。

4.9　资产评估分析及建议

配合估值团队进行估值影响分析工作，依据估值模型输入需求，结合前期工作成果，根据目标资产的盈利模式、监管法规情况，对允许收入、电价、CAPEX、OPEX等关键技术假设取值提出建议。

重点在对之前设备问题的分析、评估并相应修改调整风电资产估值模型的参数取值，协助估值工作组获得准确合理的资产价值。

对于太阳能电站最重要的指标包括机组容量、年发电量、PPA合同价格、设备剩余寿命、设备可用率、电能质量特性、运维成本和重大设备缺陷等进行研究。

4.9.1　装机容量

根据PPA合同，确定太阳能电站的实际直流端/交流端装机容量（可能小于物理装机容量）。

4.9.2 年发电量及有效利用小时数

主要通过对太阳能电站历年发电及电量上网情况，评估项目寿命期限内年发电容量及年有效利用小时数。对于还没有投产或投产运行时间较短的太阳能电站，可以通过年发电量研究报告进行评估，也可参考标的项目周边场站运行指标进行评估。

4.9.3 设备剩余寿命

主要指光伏发电太阳能电池板衰减情况下，在剩余项目寿命期限中发电量的折减。

4.9.4 设备可用率及电站综合效率

对于已投产太阳能电站，设备可用率应以历史设备可用率的统计数据和设备制造商及运维承包商提供保证值，综合评估确定设备可用率合理的取值范围。对于未投产或投产时间较短的太阳能电站，可以通过以往同类型设备的业绩来评估该指标的合理范围。

电站的综合效率可以根据电站实际综合效率或根据同类型电站的综合效率进行评估。

4.9.5 运维成本

对于已投产太阳能电站，可以根据历史运维成本数据估算未来运维成本的合理取值范围。并可以参照 Q/CPI 143《光伏电站生产成本标准》、Q/CPI 163《光伏电站检修维护规程》和 QSPI 9714《光伏电站运行规程》等规范作为主要参考依据。

对于未投产或投产时间较短的太阳能电站，可以通过同类型、同规模太阳能电站的运维成本数据估计合理取值范围。

4.9.6 重大设备缺陷

根据太阳能电站运行记录、设备检修报告中对设备故障、缺陷的维修报告和根本原因分析报告，判断故障的严重程度，估算消除故障所需的费用支出。

如果属于设计原因导致的故障，应预测其他同类型设备发生故障的概率，计算消除故障所需的费用支出。

4.10 谈判及交割技术支持

4.10.1 谈判签约

整理技术尽职调查工作发现的问题，分析其对资产价值、交易条款的影响，给出对应的解决方案。将上述部分整理成谈判要点，供决策者参考。

4.10.2 交割技术支持

项目签约后，配合相关部门开展交割工作。根据项目情况，在技术资料交接、资产清查统计等方面开展工作。

附件A

风电技术尽职调查主要表格

A.1　风电技术尽职调查主要表格（在运项目）

附表A－1　项目概况及项目工程特性一览表

一、项目概况		
1	项目可行性研究报告	
2	项目初步设计报告	

项目工程特性一览表

名　　称			单位（或型号）	数量
风电场场址		海拔高程	m	
		经度（东经）		
		纬度（北纬）		
		年平均风速	m/s	
		风功率密度	W/m²	
		盛行风向		
主要设备	风电场主要设备	风电机组		
		台数	台	
		类型	双馈/直驱	
		额定功率	kW	
		叶片数	片	
		叶片直径	m	
		扫风面积	m²	
		切入风速	m/s	
		额定风速	m/s	
		切出风速	m/s	
		安全风速	m/s	
		轮毂高度	m	
		发电机容量	kW	
		发电机功率因数		
		额定电压	V	
		35kV 箱式变电站	台	

续表

名　　称			单位（或型号）	数量
主要设备	升压变电站主要设备	主变压器 台数	台	
		主变压器 型号		
		主变压器 变压器容量	MVA	
		主变压器 额定电压	kV	
		场内集电线路线路型式及回路数 线路型式	架空/地埋	
		场内集电线路线路型式及回路数 回路数	回	
		出线回路及电压等级 出线回路数	回	
		出线回路及电压等级 电压等级	kV	
土建	风机基础	台数	台	
	风机基础	型式		
	箱式变压器基础	台数	台	
	箱式变压器基础	型式		
土建施工	工程数量	土石方开挖	m³	
		土石方回填	m³	
		混凝土	m³	
		钢筋	t	
		新建道路	km	
		改建道路	km	
		施工	总工期	
风电场场址	海拔高程		m	
	经度（东经）			
	纬度（北纬）			
	年平均风速		m/s	
	风功率密度		W/m²	
	盛行风向			
主要设备	风电场主要设备	风电机组 台数	台	
		风电机组 类型	双馈/直驱	
		风电机组 额定功率	kW	

续表

名　　　称			单位（或型号）	数量
主要设备	风电场主要设备	风电机组	叶片数	片	
			叶片直径	m	
			扫风面积	m²	
			切入风速	m/s	
			额定风速	m/s	
			切出风速	m/s	
			安全风速	m/s	
			轮毂高度	m	
			发电机容量	kW	
			发电机功率因数		
			额定电压	V	
			35kV 箱式变电站	台	
		场内集电线路线路	线路型式	架空/地埋	
			回路数	回	
	升压变电站主要设备	主变压器	台数	台	
			型号		
			变压器容量	MVA	
			额定电压	kV	
		出线回路及电压等级	出线回路数	回	
			电压等级	kV	
土建	风机基础		台数	台	
			型式		
	箱式变压器基础		台数	台	
			型式		
土建施工	工程数量		土石方开挖	m³	
			土石方回填	m³	
			混凝土	m³	
			钢筋	t	

续表

名　称			单位（或型号）	数量
土建施工	工程数量	新建道路	km	
		改建道路	km	
		施工	总工期	

风资源情况及微观选址表主要内容包括风电场范围内测风塔位置，测风时间，测风数据，机位坐标，1：2000 等高线地图，微观选址报告（含特定场址载荷计算复核报告、整机载荷计算模型、外部控制器）及理论发电量。

附表 Ａ－2　风资源情况及微观选址

二、风资源情况及微观选址		
1	测风塔位置及照片	
2	测风数据	
3	施工的风电机组机位坐标	
4	1：2000 等高线地图	
5	微观选址报告	
6	特定场址载荷计算复核报告（含整机载荷计算模型、外部控制器）	

风力发电机组技术协议主要包括风力发电机组零部件清单及参数性能、保证功率曲线、可利用率保证值及其他质保规定。

风力发电机组档案，包括但不限于整机及零部件出厂合格证书、关键部件出厂检验报告、整机车间调试及测试报告及采购技术协议中规定的检查和检测报告；塔筒采购技术协议，图纸及监造记录文件等。

变电站一次、二次设备等其他设备的出厂证明、使用说明书、试验报告、图纸等技术文件。

附表A-3 风力发电机组、变电站等设备的相关技术文件

	三、风力发电机组、变电站等设备相关技术文件	
1	风力发电机组技术协议,包括零部件清单(含编码、厂家、型号等)及参数性能/保证功率曲线/可利用率保证值及其他质保规定等内容	
2	每台风电机组的档案,包括但不限于整机及零部件出厂合格证书或质量证明、关键部件出厂检验报告、整机车间调试及测试报告、采购技术协议中规定的检查和检测报告、安装说明书、使用说明书等	
3	箱式变压器设备的出厂质量证明、使用说明书、试验报告、图纸等技术文件	
4	塔筒本体、法兰、基础环、高强螺栓、锚栓等设备出厂质量证明文件、装箱单、零部件清单、使用说明书、试验报告、图纸等技术文件	
5	通信及远动设备:服务器、通信柜等设备的出厂质量证明、使用说明书、试验报告、图纸等技术文件,以及网络计算机监控系统、电量计费系统、功角测量系统等的出厂质量证明、使用说明书、试验报告、图纸等技术文件	
6	电气一次设备:主变压器、厂用变压器、高低压断路器、高低压隔离开关、高低压互感器、组合电器、无功补偿、集电线路一次部分、送出线路一次部分设备(含接入系统)等设备的文件,包括出厂证明、使用说明书、试验报告、图纸等技术文件	
7	电气二次设备:综合自动化、二次系统、集电线路二次部分、送出线路二次部分设备(含接入系统)等设备的文件,包含出厂证明、使用说明书、试验报告、图纸、技术文件、质量保证书及试验报告和线材检验报告等技术文件	
8	直流系统及继电保护:直流充电柜、直流蓄电池、保护柜等设备的出厂质量证明、使用说明书、试验报告、图纸等技术文件	

风力发电机组安全性评估表主要内容包括风力发电机组及主要零部件认证资料,包括但不限于功率曲线测试报告、机组载荷测试报告、电能质量测试报告、低电压穿越报告、机组并网适应性等。

附表 A-4　风力发电机组的安全性评估

	四、风力发电机组的安全性评估	
1	风力发电机组及主要零部件认证资料，包括整机型式认证证书及叶片、齿轮箱、发电机、变流器等关键零部件型式认证证书	
2	风力发电机组功率曲线测试报告	
3	风力发电机组载荷测试报告	
4	风力发电机组电能质量测试报告	
5	风力发电机组低电压穿越报告	
6	风力发电机组高电压穿越报告	
7	风力发电机组并网适应性	

附表 A-5　实际运行的发电量及上网电量

	五、实际运行的发电量及上网电量	
1	风机发电量	
2	厂用电量	
3	弃风限电量	
4	故障损失电量	
5	风电场实际总发电量（上网关口表电量）	

注　如果已经有运行年限，含限电情况说明。

附表 A-6　工程建设质量

	六、工程建设施工相关文件	
1	项目建设组织和管理文件、合同执行管理文件	
2	项目参建各单位概况	
3	测量地形图和地勘报告	
4	微观选址报告	
5	施工图	
6	竣工图	

续表

	六、工程建设施工相关文件	
7	施工质量验收文件及单项调试文件、专项验收文件等资料	
8	主要设备合同及规范（包括风机、箱式变压器、电缆、330kV升压站设备等）	
9	电气材料及设备校验报告	
10	施工阶段设计管理、设计变更有关记录文件	
11	施工阶段质量管理月度评估报告及专题报告	
12	升压站设备安装工程电气、保护试验报告	
13	升压站设备安装工程主变压器线路风电进线试验报告	
14	风力发电机组调试记录文件，包括机组整套试运验评签证，涉网及特殊试验措施、安全保护功能试验、报告、电气保护整定值等	
15	现场技术档案和施工管理资料验收文件	
16	工程竣工验收报告	
17	消防、环评等验收报告	

项目建设审批相关文件表主要包括接入系统、政府审批、土地权属、环保审批等文件。

附表 A−7　项目建设审批相关文件

	七、项目建设审批相关资料清单	
1	政府签署的项目"风电开发授权协议"	
2	购电协议PPA	
3	测风塔及原始数据	
4	项目可行性研究报告	
5	社会环评报告及批复（包括鸟类评估及噪声评价）ESI	
6	环保审批文件	
7	土地权属文件	
8	矿产压覆报告（如需要）	
9	地质及地震灾害报告（如需要）	
10	接入系统方案	

续表

	七、项目建设审批相关资料清单	
11	电力系统研究报告	
12	与电网接入协议	
13	送出路线路径、环评与许可文件	
14	项目建设工程开工许可证	
15	输电线路建设工程开工许可证	

运行维护情况表主要包括风力发电机组调试手册，维护手册，故障手册，操作手册，整机及子系统软件清单及软件，机组运行维护记录，故障检修记录（包括但不限于日常检修、部件更换及维修等记录信息）；箱式变压器、线路及升压站等设备故障及日常检修记录；近一年的机组 SCADA 运行数据；机组现场调试报告，整套试运验收报告及出质保验收报告（含一般项和专项检测报告、该风电场功率曲线测试报告等）。

附表 A-8　运行维护情况

	八、运行维护阶段资料	
1	风力发电机组调试手册操作手册	
2	风力发电机组维护手册、图纸、产品说明书、控制逻辑及策略等	
3	风力发电机组调试手册操作手册	
4	风力发电机组故障手册	
5	风力发电机组运行维护、定检维护记录	
6	机组故障检修记录（包括但不限于日常检修、部件更换及维修等记录信息）	
7	箱式变压器、线路及升压站等设备故障及日常检修记录	
8	风力发电机组功率曲线测试报告	
9	至少近一年的风机 SCADA（数据采集与监视控制系统）数据	
10	项目投产之日起的发电量、用电量、购电量及故障数据	
11	项目上网电量数据	
12	沉降观测委托情况及记录	

续表

	八、运行维护阶段资料	
13	根据电网要求增加设备及改造清单（如有）	
14	新能源补贴时间（如有）	
15	现场照片	

　　项目附近其他风电场风力发电机组机型、近两年年均风速、发电等效小时数等。

附表 A－9　项目附近其他风场风速、发电量情况

	九、项目附近其他风场风速、发电量情况	
1	项目附近其他风电场风力发电机组机型、近两年年均风速、发电等效小时数等情况说明	

A.2　风电技术尽职调查主要表格（在建项目）

附表 A－10　项目概况及项目工程特性一览表

	一、项目概况	
1	项目可行性研究报告	
2	项目初步设计报告	

项目工程特性一览表

名　称		单位（或型号）	数量
风电场场址	海拔高程	m	
	经度（东经）		
	纬度（北纬）		
	年平均风速	m/s	
	风功率密度	W/m²	
	盛行风向		

续表

名　　称			单位（或型号）	数量
主要设备	风电场主要设备	风电机组	台数	台	
			类型	双馈/直驱	
			额定功率	kW	
			叶片数	片	
			叶片直径	m	
			扫风面积	m²	
			切入风速	m/s	
			额定风速	m/s	
			切出风速	m/s	
			安全风速	m/s	
			轮毂高度	m	
			发电机容量	kW	
			发电机功率因数		
			额定电压	V	
			35kV 箱式变电站	台	
	升压变电站主要设备	主变压器	台数	台	
			型号		
			变压器容量	MVA	
			额定电压	kV	
		场内集电线路线路型式及回路数	线路型式	架空/地埋	
			回路数	回	
		出线回路及电压等级	出线回路数	回	
			电压等级	kV	
土建	风机基础		台数	台	
			型式		
	箱式变压器基础		台数	台	
			型式		

续表

名　称			单位（或型号）	数量
土建施工	工程数量	土石方开挖	m³	
		土石方回填	m³	
		混凝土	m³	
		钢筋	t	
		新建道路	km	
		改建道路	km	
		施工	总工期	
风电场场址	海拔高程		m	
	经度（东经）			
	纬度（北纬）			
	年平均风速		m/s	
	风功率密度		W/m²	
	盛行风向			
主要设备	风电场主要设备	风电机组 台数	台	
		额定功率	kW	
		叶片数	片	
		叶片直径	m	
		扫风面积	m²	
		切入风速	m/s	
		额定风速	m/s	
		切出风速	m/s	
		安全风速	m/s	
		轮毂高度	m	
		发电机容量	kW	
		发电机功率因数		
		额定电压	V	
		35kV 箱式变电站	台	

续表

名　　称			单位（或型号）	数量
主要设备	升压变电站 主要设备	主变压器 / 台　数	台	
		型　号		
		变压器容量	MVA	
		额定电压	kV	
		出线回路及 电压等级 / 出线回路数	回	
		电压等级	kV	
土建	风机基础	台　数	台	
		型　式		
	箱式变压器基础	台　数	台	
		型　式		
土建施工	工程数量	土石方开挖	m³	
		土石方回填	m³	
		混凝土	m³	
		钢　筋	t	
		新建道路	km	
		改建道路	km	
		施工	总工期	

　　风资源情况及微观选址主要包括风电场范围内测风塔位置，测风时间，测风数据，机位坐标，1∶2000 等高线地图微观选址报告（含特定场址载荷计算复核报告、整机载荷计算模型、外部控制器）及理论发电量。

附表 A –11　风资源情况及微观选址

二、风资源情况及微观选址		
1	测风塔位置及照片	
2	测风数据	
3	施工的风电机组机位坐标	
4	1∶2000 等高线地图	

续表

	二、风资源情况及微观选址	
5	微观选址报告	
6	特定场址载荷计算复核报告（含整机载荷计算模型、外部控制器）	

风力发电机组技术协议主要包括风力发电机组零部件清单及参数性能、保证功率曲线、可利用率保证值及其他质保规定。

风力发电机组档案，包括但不限于整机及零部件出厂合格证书、关键部件出厂检验报告、整机车间调试及测试报告，以及采购技术协议中规定的检查和检测报告；塔筒采购技术协议，图纸及监造记录文件等。

变电站一、二次设备等其他设备的出厂证明、使用说明书、试验报告、图纸等技术文件。

附表 A-12　风力发电机组、变电站等设备的相关的技术文件

	三、风力发电机组、变电站等设备的相关技术文件	
1	风力发电机组技术协议，包括零部件清单（含编码、厂家、型号等）及参数性能/保证功率曲线/可利用率保证值及其他质保规定等内容	
2	每台风电机组的档案，包括但不限于整机及零部件出厂合格证书或质量证明、关键部件出厂检验报告、整机车间调试及测试报告，以及采购技术协议中规定的检查和检测报告、安装说明书、使用说明书等	
3	箱式变压器设备的出厂质量证明、使用说明书、试验报告、图纸等技术文件	
4	塔筒本体、法兰、基础环、高强螺栓、锚栓等设备出厂质量证明文件、装箱单、零部件清单、使用说明书、试验报告、图纸等技术文件	
5	通信及远动设备：服务器、通信柜等设备的出厂质量证明、使用说明书、试验报告、图纸等技术文件，以及网络计算机监控系统、电量计费系统、功角测量系统等的出厂质量证明、使用说明书、试验报告、图纸等技术文件	
6	电气一次设备：主变压器、厂用变压器、高低压断路器、高低压隔离开关、高低压互感器、组合电器、无功补偿、集电线路一次部分、送出线路一次部分设备（含接入系统）等设备的文件，包括出厂证明、使用说明书、试验报告、图纸等技术文件	

续表

	三、风力发电机组、变电站等设备的相关技术文件	
7	电气二次设备：综合自动化、二次系统、集电线路二次部分、送出线路二次部分设备（含接入系统）等设备的文件，包含出厂证明、使用说明书、试验报告、图纸、技术文件、质量保证书及试验报告和线材检验报告等技术文件	
8	直流系统及继电保护：直流充电柜、直流蓄电池、保护柜等设备的出厂质量证明、使用说明书、试验报告、图纸等技术文件	

　　风力发电机组的安全性评估主要包括风力发电机组及主要零部件认证资料，包括但不限于功率曲线测试报告、机组载荷测试报告、电能质量测试报告、低电压穿越报告、机组并网适应性等。

附表 A–13　风力发电机组的安全性评估

	四、风力发电机组的安全性评估	
1	风力发电机组及主要零部件认证资料，包括整机型式认证证书及叶片、齿轮箱、发电机、变流器等关键零部件型式认证证书	
2	风力发电机组功率曲线测试报告	
3	风力发电机组载荷测试报告	
4	风力发电机组电能质量测试报告	
5	风力发电机组低电压穿越报告	
6	风力发电机组高电压穿越报告	
7	风力发电机组并网适应性	

附表 A–14　工程建设质量

	五、工程建设施工相关文件	
1	项目建设组织和管理文件、合同执行管理文件	
2	项目参建各单位概况	
3	测量地形图和地勘报告	
4	微观选址报告	

续表

	五、工程建设施工相关文件	
5	施工图	
6	施工质量验收文件及单项调试文件、专项验收文件等料	
7	主要设备合同及规范（包括风机、箱式变压器、电缆、330kV升压站设备等）	
8	电气材料及设备校验报告	
9	施工阶段质量管理月度评估报告及专题报告	
10	升压站设备安装工程电气、保护试验报告	
11	升压站设备安装工程主变压器线路风电进线试验报告	
12	风力发电机组调试记录文件，包括机组整套试运验评签证，涉网及特殊试验措施、安全保护功能试验、报告、电气保护整定值等	
13	现场技术档案和施工管理资料验收文件	

项目建设审批相关文件包括接入系统、政府审批、土地权属、环保审批等。

附表A-15 项目建设审批相关文件

	五、项目建设审批相关资料清单	
1	政府签署的项目"风电开发授权协议"	
2	购电协议PPA	
3	测风塔及原始数据	
4	项目可行性研究报告	
5	环评报告及批复（包括鸟类评估及噪声评价）	
6	环保审批文件	
7	土地权属文件	
8	矿产压覆报告（如需要）	
9	地质及地震灾害报告（如需要）	
10	接入系统方案	
11	电力系统研究报告	

续表

五、项目建设审批相关资料清单		
12	与电网接入协议	
13	送出路线路径、环评与许可文件	
14	项目建设工程开工许可证	
15	输电线路建设工程开工许可证	

项目附近其他风电场情况包括风力发电机组机型、近两年年均风速、发电等效小时数等。

附表 A−16　项目附近其他风场风速、发电量情况

六、项目附近其他风场风速、发电量情况	
1	项目附近其他风电场风力发电机组机型、近两年年均风速、发电等效小时数等情况说明

A.3　风电技术尽职调查主要表格（开发权项目）

附表 A−17　项目概况及项目工程特性一览表

一、项目概况	
1	项目可行性研究报告（包括图纸）

项目工程特性一览表

	名　　称	单位（或型号）	数量
风电场场址	海拔高程	m	
	经度（东经）		
	纬度（北纬）		
	年平均风速	m/s	
	风功率密度	W/m²	
	盛行风向		

续表

名　　称			单位（或型号）	数量
主要设备	风电场主要设备	风电机组		
			台数	台	
			类型	双馈/直驱	
			额定功率	kW	
			叶片数	片	
			叶片直径	m	
			扫风面积	m²	
			切入风速	m/s	
			额定风速	m/s	
			切出风速	m/s	
			安全风速	m/s	
			轮毂高度	m	
			发电机容量	kW	
			发电机功率因数		
			额定电压	V	
			35kV 箱式变电站	台	
	升压变电站主要设备	主变压器	台数	台	
			型号		
			变压器容量	MVA	
			额定电压	kV	
		场内集电线路线路型式及回路数	线路型式	架空/地埋	
			回路数	回	
		出线回路及电压等级	出线回路数	回	
			电压等级	kV	
土建	风机基础		台数	台	
			型式		
	箱式变压器基础		台数	台	
			型式		

续表

名　称			单位（或型号）	数量
土建施工	工程数量	土石方开挖	m³	
		土石方回填	m³	
		混凝土	m³	
		钢筋	t	
		新建道路	km	
		改建道路	km	
		施工	总工期	
风电场场址	海拔高程		m	
	经度（东经）			
	纬度（北纬）			
	年平均风速		m/s	
	风功率密度		W/m²	
	盛行风向			
主要设备	风电场主要设备	风电机组	台数	台	
			额定功率	kW	
			叶片数	片	
			叶片直径	m	
			扫风面积	m²	
			切入风速	m/s	
			额定风速	m/s	
			切出风速	m/s	
			安全风速	m/s	
			轮毂高度	m	
			发电机容量	kW	
			发电机功率因数		
			额定电压	V	
			35kV 箱式变电站	台	

续表

名　　称			单位（或型号）	数量
主要设备	升压变电站主要设备	台数	台	
		型号		
	主变压器	变压器容量	MVA	
		额定电压	kV	
	出线回路及电压等级	出线回路数	回	
		电压等级	kV	
土建	风机基础	台　数	台	
		型　式		
	箱式变压器基础	台　数	台	
		型　式		
土建施工	工程数量	土石方开挖	m³	
		土石方回填	m³	
		混凝土	m³	
		钢　筋	t	
		新建道路	km	
		改建道路	km	
		施工	总工期	

　　风资源情况主要包括风电场范围内测风塔位置，测风时间，测风数据，机位坐标，1∶2000 等高线地图微观选址报告（含特定场址载荷计算复核报告、整机载荷计算模型、外部控制器）及理论发电量。

附表 A-18　风资源情况及微观选址

二、风资源情况及微观选址	
1	测风塔位置及照片
2	测风数据
3	风电机组机位坐标
4	1∶2000 等高线地图

续表

	二、风资源情况及微观选址	
5	微观选址报告	
6	特定场址载荷计算复核报告（含整机载荷计算模型、外部控制器）	

项目建设审批相关文件主要包括接入系统、政府审批、土地权属、环保审批等。

附表 A – 19　项目建设审批相关文件

	三、项目建设审批相关资料清单	
1	政府签署的项目"风电开发授权协议"	
2	购电协议 PPA	
3	测风塔及原始数据	
4	项目可行性研究报告	
5	环评报告及批复（包括鸟类评估及噪声评价）ESI	
6	环保审批文件	
7	土地权属文件	
8	矿产压覆报告（如需要）	
9	地质及地震灾害报告（如需要）	
10	接入系统方案	
11	电力系统研究报告	
12	与电网接入协议	
13	送出路线路径、环评与许可文件	

项目附近其他风电场风力发电机组机型、近两年年均风速、发电等效小时数等。

附表 A – 20　项目附近其他风场风速、发电量情况

	四、项目附近其他风场风速、发电量情况	
1	项目附近其他风电场风力发电机组机型、近两年年均风速、发电等效小时数等情况说明	

附件B

风电技术尽职调查报告参考目录

B.1 风电尽职调查（在运项目）

1 概述

1.1 项目概况

1.2 尽调工作主要情况

1.3 主要尽调结论

2 资产基本情况

2.1 目标公司情况

2.2 资产规模和分布

2.3 工程设计方案

2.4 主要设备和技术

2.5 风电资源评估

3 关键合同审查

3.1 PPA

3.2 特许权协议

3.3 土地租赁合同

3.4 并网协议

3.5 O&M 运维合同

3.6 主要设备供应合同

3.7 EPC 合同

3.8 其他合同

4 运维管理评估

4.1 运维管理的基本情况

4.2 主要性能指标

4.3 电站可用率

4.4 历史事故情况

4.5 运维绩效评估

4.6 HSE 管理评估

5　现场尽职调查

5.1　现场调查基本情况

5.2　管理层访谈

5.3　运维管理检查

5.4　设备设施勘察

5.5　资料审核

6　主要技术风险

7　评估分析与建议

B.2　风电尽职调查（在建项目）

1　概述

1.1　项目概况

1.2　尽调工作主要情况

1.3　主要尽调结论

2　资产基本情况

2.1　目标公司情况

2.2　资产规模和分布

2.3　工程设计方案

2.4　主要设备和技术

2.5　风电资源评估

3　关键合同审查

3.1　PPA

3.2　O&M 运维合同（如有）

3.3　主要设备供应合同

3.4　EPC 合同

3.5　其他合同

4　施工管理评估

4.1　施工管理基本情况

4.2　HSE 管理

4.3　质量管理

4.4　工程计划管理

4.5　违约与索赔情况

4.6　费用控制

5　现场尽职调查

5.1　现场调查基本情况

5.2　管理层访谈

5.3　HSE 检查

5.4　工程实体进度检查

5.5　资料审核

6　主要技术风险

7　评估分析与建议

B.3　风电尽职调查（开发权项目）

1　概述

1.1　项目概况

1.2　尽调工作主要情况

1.3　主要尽调结论

2　资产基本情况

2.1　目标公司情况

2.2　资产规模和分布

2.3　工程设计方案

2.4　主要设备和技术

2.5　风电资源评估

3　主要条件评估

3.1　土地使用

3.2　环评及环境许可

3.3 接入系统和线路

3.4 其他许可

4 现场尽职调查

4.1 现场调查基本情况

4.2 管理层访谈

4.3 厂址区域踏勘

4.4 建设条件调查

4.5 资料审核

5 主要技术风险

6 评估分析与建议

附件C

太阳能光伏发电技术尽职
调查主要表格

C.1　光伏技术尽职调查主要表格（在运项目）

附表 C－1　项目工程特性一览表

项目名称			
项目站址概况			
项　目	单位	数量	备注
规划装机容量	MW		直流/交流
占地面积	m^2		
海拔高度	m		
经度（东经）	(°)		
纬度（北纬）	(°)		
年平均太阳总辐射量	MJ/m^2		
年平均峰值日照小时数	h		
年平均日照时数	h		
年均发电量	MWh		
可利用小时	h		
主要气象要素			
多年平均气温	℃		
多年极端最高气温	℃		
多年极端最低气温	℃		
多年最大冻土深度	cm		
多年平均降雨量	mm		
年最大降雨量	mm		
年平均气压	kPa		
空气平均相对湿度	%		
最大风速	m/s		
年平均风速	m/s		

附表 C-2　收资清单

	项目设计资料			
1	项目可行性研究报告			
序号	批文类型（如果有）	是否具备	出具时间	出具部门
1	政府审批文件			
2	土地权属文件			
3	环保审批文件 ESI			
4	电网接入协议文件			
5	送出线路环保审批			
6	送出线路电网审批			
7	售电合同 PPA			
8	无文物设施的证明（如需要）			
9	无军事设施证明（如需要）			
10	地质灾害评估（如需要）			
	实施阶段资料			
1	竣工图			
2	主要设备采购技术协议			
3	电缆采购清单			
4	电气材料及设备合格证、校验报告			
5	结构设计图纸			
6	施工记录			
7	施工阶段质量评估月度报告及专题报告			
8	升压站设备安装工程电气一次保护试验报告			
9	工程竣工验收报告			
10	消防验收报告			
	运行期数据			
1	气象数据-辐照度、温度			
2	项目投产之日起的发电量、用电量、购电量及故障数据			

续表

运行期数据				
3	项目上网电量数据			
4	部分逆变器运行及故障数据			
5	现场照片			

附表 C-3　光伏区部分设备参数表

组件参数			
生产厂家		型号	
类型		数量（块）	
衰减		寿命期	
标准测试条件下性能参数（标准测试条件 STC：AM $=1.5$，$E=1000\mathrm{W/m^2}$，$T_c=25℃$）			
最大输出功率 $P_{\max}$（W）		最大功率工作电流 I_{mp}（A）	
短路电流 I_M（A）		最大功率工作电压 U_{mp}（V）	
开路电压 U_{OC}（V）		系统最大电压（V）	
组件尺寸（mm）			
认证机构		证书编号	

逆变器型号	
直流侧参数	
绝对最大输入电压	
MPPT 最小输入电压	
MPPT 最大输入电压	
最大输入直流电流	
交流侧参数	
额定交流输出功率	
最大交流输出功率	
最大输出电流	
额定交流输出电压	
额定输出频率	

续表

平均功率因数	
系统参数	
最大效率	
欧洲效率	
防护等级	
环境温度	
冷却方式	
相对湿度	
通信接口	
PID 功能	
允许海拔	
机械参数	
外形尺寸（高×宽×厚）	
质量	

跟踪支架规格信息

项　　目	卖方提供值
跟踪支架类型（平单/斜单）	
转轴角度	
东西向跟踪角度范围	
跟踪精度	
单套支架安装的最大光伏组件数量	
单套跟踪系统结构尺寸（mm）	
单套跟踪系统重量（kg）	
单套容量（kW/套）	
每兆瓦占地面积	
材质	
工作环境温度（℃）	
使用寿命（年）	
自锁	

续表

交流/直流汇流箱	
电气参数	
输入回路数	
额定工作电压	
主母线额定电流	
防雷器故障检测	
电池板短路保护	
机械参数	
质量	
体积（宽×高×深）	
环境参数	
防护等级（符合 EN60529）	
环境温度	
环境湿度	
冷却方式	
噪声	

主要项目信息				
范围	名称	参数	单位	数量
箱变和集电线路		额定电压	kV	
		单回最大负荷	MVA	
		集电线路形式	架空/地埋	
		回路数	回	
		35kV 箱式变电站	台	
升压变电站主要设备	主变压器	台数	台	
		型号		
		变压器容量	MVA	
		额定电压	kV	
	出线回路及电压等级	出线回路数	回	
		电压等级	kV	

续表

主要项目信息				
范围	名称	参数	单位	数量
支架基础		台数	台	
		型式		
箱式变压器基础		台数	台	
		型式		
工程数量		土石方开挖	m³	
		土石方回填	m³	
		混凝土	m³	
		钢筋	t	
		新建道路	km	
		改建道路	km	
		施工	总工期	

附表C-4 升压站/开关站部分设备及辅助设施参数表

序号	类别	项　目	数　值
1	高压设备	型式	
		品牌、型号	
		母线材质及截面	
		断路器：品牌、型号	
		额定电流	
		额定电压	
		额定开断电流	
		接地开关：额定电压	
		额定短时耐受电流及时间	
		电流互感器：品牌、型号	
		电压互感器：品牌、型号	
		避雷器：品牌、型号	

续表

序号	类别	项　目	数　值
2	无功补偿设备	型式	
		品牌、型号	
		额定补偿容量	
		运行损耗	
		响应时间	
3	站用电设备	利用接地变压器	□是　□否
		站用变压器：品牌、型号	
		额定容量	
		额定电压	
		备用变压器：品牌、型号	
		分断设备品牌、型号	
4	继电保护	系统进线保护	□有　□无
		品牌、型号	
		光纤差动保护	□有　□无
		DI数量、AI数量	
		馈线保护：品牌、型号	
		站用变压器保护：品牌、型号	
		无功补偿保护：品牌、型号	
5	远动装置	方式	□独立RTU　□远动工作站
		远动工作站：品牌、型号	
		冗余	□是　□否
		通信端口数量	
		支持的通信协议	
		数据网接入设备	
		路由器 品牌、型号	
		一区交换机 品牌、型号	
		二区交换机 品牌、型号	
		二次系统防护设备	□有　□无

续表

序号	类别	项 目	数 值
5	远动装置	防火墙 品牌、型号	
		正向隔离设备 品牌、型号	
		AGC、AVC	□有 □无
		品牌、型号	
		光功率预测设备	□有 □无
		品牌、型号	
6	通信装置	光端机	□有 □无
		品牌、型号	
		冗余	□是 □否
		速率	□2.5G □622M □155M
		PCM 设备	□有 □无
		品牌、型号	
		调度交换机	□有 □无
		品牌、型号	
		系统容量	
		中间继电器数量	
7	计量装置	关口表：品牌、型号	
		有功精度	
		无功精度	
		电量远传终端：品牌、型号	
		通信端口数量	
		电压失时仪	□有 □无

附表 C-5 施工质量检查表

序号	类别	项 目	检查情况
1	基础施工	外观整洁、无变形、无裂缝	□良好 □一般 □较差
2	支架安装	外观整洁、无变形、无锈蚀	□良好 □一般 □较差

序号	类别	项　　目	检查情况		
3	组件安装	标识清晰	□良好	□一般	□较差
		元件、线缆连接	□紧固	□一般	□较差
		接地满足设计要求	□满足	□不满足	
4	汇流箱	元件、线缆连接	□紧固	□一般	□较差
		接地	□完好	□一般	□较差
		防火封堵	□完好	□一般	□较差
5	逆变器	元件、线缆连接	□紧固	□一般	□较差
		接地	□完好	□一般	□较差
		防火封堵	□完好	□一般	□较差
6	箱变	外观整洁、无变形、无裂缝	□良好	□一般	□较差
		元件、线缆连接	□紧固	□一般	□较差
		接地满足设计要求	□满足	□不满足	
		防火封堵	□完好	□一般	□较差
7	高压开关柜	标识清晰	□良好	□一般	□较差
		元件、线缆连接	□紧固	□一般	□较差
		接地满足设计要求	□满足	□不满足	
		防火封堵	□完好	□一般	□较差
8	控制盘柜	标识清晰	□良好	□一般	□较差
		元件、线缆连接	□紧固	□一般	□较差
		接地满足设计要求	□满足	□不满足	
		防火封堵	□完好	□一般	□较差
9	电缆沟、电缆桥架	外观整洁、无破损	□良好	□一般	□较差
		布置排列整齐，交叉少	□良好	□一般	□较差
		电缆附件制作	□良好	□一般	□较差
		元件、线缆连接	□紧固	□一般	□较差

附表 C‑6 组件测试 STC 修正数据（抽测）

序号	位置	型号	序列号	P_{max} （W）	V_{oc} （V）	V_{mpp} （V）	I_{mpp} （A）	I_{sc} （A）	FF （%）

C.2 光伏技术尽职调查主要表格（在建项目）

附表 C‑7 项目工程特性一览表

项目名称			
项目站址概况			
项 目	单位	数量	备注
规划装机容量	MW		直流/交流
占地面积	m^2		
海拔高度	m		
经度（东经）	（°）		
纬度（北纬）	（°）		
年平均太阳总辐量	MJ/m^2		
年平均峰值日照小时数	h		
年平均日照时数	h		
年均发电量	MWh		
可利用小时	h		

续表

主要气象要素			
多年平均气温	℃		
多年极端最高气温	℃		
多年极端最低气温	℃		
多年最大冻土深度	cm		
多年平均降雨量	mm		
年最大降雨量	mm		
年平均气压	kPa		
空气平均相对湿度	%		
最大风速	m/s		
年平均风速	m/s		

项目名称

项目站址概况			
项　　目	单位	数量	备注
规划装机容量	MW		
占地面积	m^2		
海拔高度	m		
经度（东经）	(°)		
纬度（北纬）	(°)		
年平均太阳总辐射量	MJ/m^2		
年平均峰值日照小时数	h		
年平均日照时数	h		

主要气象要素			
多年平均气温	℃		
多年极端最高气温	℃		
多年极端最低气温	℃		
多年最大冻土深度	cm		
多年平均降雨量	mm		
年最大降雨量	mm		

续表

主要气象要素			
年平均气压	kPa		
空气平均相对湿度	%		
最大风速	m/s		
年平均风速	m/s		

附表 C-8　收资清单

项目设计资料			
1	项目可行性研究报告			

序号	批文类型（如果有）	是否具备	出具时间	出具部门
1	政府审批文件			
2	土地权属文件			
3	环保审批文件			
4	电网接入协议文件			
5	送出线路环保审批			
6	送出线路电网审批			
7	售电合同PPA			
8	无文物设施的证明（如需要）			
9	无军事设施证明（如需要）			
10	地质灾害评估（如需要）			

实施阶段资料			
1	竣工图			
2	主要设备采购技术协议			
3	电缆采购清单			
4	电气材料及设备合格证、校验报告			
5	结构设计图纸			
6	施工记录			
7	施工阶段质量评估月度报告及专题报告（如果有）			

附表 C-9 光伏区部分设备参数表

组件参数

生产厂家		型号	
类型		数量（块）	
标准测试条件下性能参数（标准测试条件 STC：AM = 1.5，$E = 1000\text{W}/\text{m}^2$，$T_c = 25\text{℃}$）			
最大输出功率 $P_{\max}$（W）		最大功率工作电流 I_{mp}（A）	
短路电流 I_M（A）		最大功率工作电压 U_{mp}（V）	
开路电压 U_{oc}（V）		系统最大电压（V）	
组件尺寸（mm）			
认证机构		证书编号	

逆变器型号	
直流侧参数	
绝对最大输入电压	
MPPT 最小输入电压	
MPPT 最大输入电压	
最大输入直流电流	
交流侧参数	
额定交流输出功率	
最大交流输出功率	
最大输出电流	
额定交流输出电压	
额定输出频率	
平均功率因数	
系统参数	
最大效率	
欧洲效率	
防护等级	
环境温度	

续表

冷却方式	
相对湿度	
通信接口	
PID 功能	
允许海拔	
机械参数	
外形尺寸（高×宽×厚）	
质量	

跟踪支架规格信息

项　　目	卖方提供值
跟踪支架类型（平单/斜单）	
转轴角度	
东西向跟踪角度范围	
跟踪精度	
单套支架安装的最大光伏组件数量	
单套跟踪系统结构尺寸（mm）	
单套跟踪系统质量（kg）	
单套容量（kW/套）	
每兆瓦占地面积	
材质	
工作环境温度（℃）	
使用寿命（年）	
自锁	
交流/直流汇流箱	
电气参数	
输入回路数	
额定工作电压	
主母线额定电流	

续表

项 目	卖方提供值
防雷器故障检测	
电池板短路保护	
机械参数	
质量	
体积（宽×高×深）	
环境参数	
防护等级（符合 EN60529）	
环境温度	
环境湿度	
冷却方式	
噪声	

主要项目信息

范围	名称	参数	单位	数量
箱式变压器和集电线路		额定电压	kV	
		单回最大负荷	MVA	
		集电线路形式	架空/地埋	
		回路数	回	
		35kV 箱式变电站	台	
升压变电站主要设备	主变压器	台数	台	
		型号		
		变压器容量	MVA	
		额定电压	kV	
	出线回路及电压等级	出线回路数	回	
		电压等级	kV	
支架基础		台数	台	
		型式		

续表

主要项目信息				
范围	名称	参数	单位	数量
箱式变压器基础		台数	台	
		型式		
工程数量		土石方开挖	m^3	
		土石方回填	m^3	
		混凝土	m^3	
		钢筋	t	
		新建道路	km	
		改建道路	km	
		施工	总工期	

附表 C –10 升压站/开关站部分设备及辅助设施参数表

序号	类别	项目	数值
1	高压设备	型式	
		品牌、型号	
		母线材质及截面	
		断路器：品牌、型号	
		额定电流	
		额定电压	
		额定开断电流	
		接地开关：额定电压	
		额定短时耐受电流及时间	
		电流互感器：品牌、型号	
		电压互感器：品牌、型号	
		避雷器：品牌、型号	
2	无功补偿设备	型式	
		品牌、型号	

序号	类别	项 目	数 值
2	无功补偿设备	额定补偿容量	
		运行损耗	
		响应时间	
3	站用电设备	利用接地变压器	□是　□否
		站用变压器：品牌、型号	
		额定容量	
		额定电压	
		备用变压器：品牌、型号	
		分断设备品牌、型号	
4	继电保护	系统进线保护	□有　□无
		品牌、型号	
		光纤差动保护	□有　□无
		DI 数量、AI 数量	
		馈线保护：品牌、型号	
		站用变压器保护：品牌、型号	
		无功补偿保护：品牌、型号	
5	远动装置	方式	□独立 RTU　□远动工作站
		远动工作站：品牌、型号	
		冗余	□是　□否
		通信端口数量	
		支持的通信协议	
		数据网接入设备	
		路由器 品牌、型号	
		一区交换机 品牌、型号	
		二区交换机 品牌、型号	
		二次系统防护设备	□有　□无
		防火墙 品牌、型号	
		正向隔离设备 品牌、型号	

续表

序号	类别	项 目	数 值
5	远动装置	AGC、AVC	□有　□无
		品牌、型号	
		光功率预测设备	□有　□无
		品牌、型号	
6	通信装置	光端机	□有　□无
		品牌、型号	
		冗余	□是　□否
		速率	□2.5G　□622M　□155M
		PCM 设备	□有　□无
		品牌、型号	
		调度交换机	□有　□无
		品牌、型号	
		系统容量	
		中间继电器数量	
7	计量装置	关口表：品牌、型号	
		有功精度	
		无功精度	
		电量远传终端：品牌、型号	
		通信端口数量	
		电压失时仪	□有　□无

附表 C-11　施工质量检查表

序号	类别	项 目	检查情况
1	基础施工	外观整洁、无变形、无裂缝	□良好　□一般　□较差
2	支架安装	外观整洁、无变形、无锈蚀	□良好　□一般　□较差
3	组件安装	标识清晰	□良好　□一般　□较差
		元件、线缆连接	□紧固　□一般　□较差

续表

序号	类别	项　目	检查情况
3	组件安装	接地满足设计要求	□满足　□不满足
4	汇流箱	元件、线缆连接	□紧固　□一般　□较差
		接地	□完好　□一般　□较差
		防火封堵	□完好　□一般　□较差
5	逆变器	元件、线缆连接	□紧固　□一般　□较差
		接地	□完好　□一般　□较差
		防火封堵	□完好　□一般　□较差
6	箱式变压器	外观整洁、无变形、无裂缝	□良好　□一般　□较差
		元件、线缆连接	□紧固　□一般　□较差
		接地满足设计要求	□满足　□不满足
		防火封堵	□完好　□一般　□较差
7	高压开关柜	标识清晰	□良好　□一般　□较差
		元件、线缆连接	□紧固　□一般　□较差
		接地满足设计要求	□满足　□不满足
		防火封堵	□完好　□一般　□较差
8	控制盘柜	标识清晰	□良好　□一般　□较差
		元件、线缆连接	□紧固　□一般　□较差
		接地满足设计要求	□满足　□不满足
		防火封堵	□完好　□一般　□较差
9	电缆沟、电缆桥架	外观整洁、无破损	□良好　□一般　□较差
		布置排列整齐，交叉少	□良好　□一般　□较差
		电缆附件制作	□良好　□一般　□较差
		元件、线缆连接	□紧固　□一般　□较差

C.3 光伏技术尽职调查主要表格（开发权项目）

附表 C −12　项目工程特性一览表

项目名称			
项目站址概况			
项　　目	单位	数量	备注
规划装机容量	MW		
占地面积	m^2		
海拔高度	m		
经度（东经）	(°)		
纬度（北纬）	(°)		
年平均太阳总辐射量	MJ/m^2		
年平均峰值日照小时数	h		
年平均日照时数	h		
主要气象要素			
多年平均气温	℃		
多年极端最高气温	℃		
多年极端最低气温	℃		
多年最大冻土深度	cm		
多年平均降雨量	mm		
年最大降雨量	mm		
年平均气压	kPa		
空气平均相对湿度	%		
最大风速	m/s		
年平均风速	m/s		

附表 C-13 收资清单

项目设计资料			
1	项目可行性研究报告			
序号	批文类型（如果有）	是否具备	出具时间	出具部门
1	政府审批文件			
2	土地权属文件			
3	环保审批文件			
4	电网接入协议文件			
5	送出线路环保审批			
6	送出线路电网审批			
7	售电合同 PPA			
8	无文物设施的证明（如需要）			
9	无军事设施证明（如需要）			
10	地质灾害评估（如需要）			

附件D

太阳能光伏发电技术尽职
调查报告参考目录

D.1 太阳能光伏尽职调查（在运项目）

1 概述

1.1 项目概况

1.2 尽调工作主要情况

1.3 主要尽调结论

2 资产基本情况

2.1 目标公司情况

2.2 资产规模和分布

2.3 工程设计方案

2.4 主要设备和技术

2.5 光伏资源评估

3 关键合同审查

3.1 PPA

3.2 O&M 运维合同

3.3 主要设备供应合同

3.4 EPC 合同

3.5 其他合同

4 运维管理评估

4.1 运维管理的基本情况

4.2 主要性能指标

4.3 电站可用率

4.4 历史事故情况

4.5 运维绩效评估

4.6 HSE 管理评估

5 现场尽职调查

5.1 现场调查基本情况

5.2 管理层访谈

5.3 运维管理检查

5.4 设备设施勘察

5.5 资料审核

6 主要技术风险

7 评估分析与建议

D.2 太阳能光伏尽职调查（在建项目）

1 概述

1.1 项目概况

1.2 尽调工作主要情况

1.3 主要尽调结论

2 资产基本情况

2.1 目标公司情况

2.2 资产规模和分布

2.3 工程设计方案

2.4 主要设备和技术

2.5 光伏资源评估

3 关键合同审查

3.1 PPA

3.2 O&M 运维合同（如有）

3.3 主要设备供应合同

3.4 EPC 合同

3.5 其他合同

4 施工管理评估

4.1 施工管理基本情况

4.2 HSE 管理

4.3 质量管理

4.4 工程计划管理

4.5 违约与索赔情况

4.6 费用控制

5 现场尽职调查

5.1 现场调查基本情况

5.2 管理层访谈

5.3 HSE 检查

5.4 工程实体进度检查

5.5 资料审核

6 主要技术风险

7 评估分析与建议

D.3 太阳能光伏尽职调查（开发权项目）

1 概述

1.1 项目概况

1.2 尽调工作主要情况

1.3 主要尽调结论

2 资产基本情况

2.1 目标公司情况

2.2 资产规模和分布

2.3 工程主要方案设想

2.4 主要设备和技术

2.5 光伏资源评估

3 主要条件评估

3.1 土地使用

3.2 环评及环境许可

3.3 接入系统和线路

3.4 其他许可

4 现场尽职调查

4.1 现场调查基本情况

4.2 管理层访谈

4.3 厂址区域踏勘

4.4 建设条件调查

4.5 资料审核

5 主要技术风险

6 评估分析与建议

附件E

风电太阳能光伏主要设备

E.1 风电主要设备

E.1.1 主要厂家及产品规格（见附表 E－1）

附表 E－1　主要厂家及产品规格

序号	风机厂家	1MW	2MW	3MW	4MW	5MW
1	GE		GE2.5MW/2.7MW－132 GE2.75MW－120	GE3.3MW－154 GE3.6MW/3.8MW－137 GE3.4MW/3.8MW－130 GE3.2MW－103	GE4.0MW－103	GE5.3MW/5.5MW－158
2	远景		EN2.5MW－121 EN2.1MW/2.5MW－110 EN2.5MW－131 EN2.65MW－141	EN3.2MW－141 EN3.0MW/3.3MW－156	EN4.5MW－156	
3	维斯塔斯	V1.8 MW－80 V1.8 MW－90 V1.8 MW－100IEC ⅢA/IEC S	V2.0 MW－80 V2.0 MW－90 IEC ⅡA/IEC ⅢA V2.0 MW－100 IEC ⅡB V2.0 MW－100 IEC ⅢA/IEC S V2.0 MW－110 IEC ⅢA V2.1 MW－116 V2.2 MW－120	V3.0 MW－90 V3.3 MW/3.45 MW－105 V3.0 MW/3.3 MW/3.45 MW－112 V3.3 MW/3.45 MW－117 V3.3 MW/3.45 MW－126 V3.45MW－136 V3.3 MW－155	V4.2 MW－117 V4.2 MW－136 V4.2 MW－150	

续表

序号	风机厂家	1MW	2MW	3MW	4MW	5MW
4	金风		GW2.5MW-109 GW2.5MW-121 GW2.5MW-140	GW3.0MW-150 GW3.4MW-140	GW4.5MW-155 GW4.2MW/4.8MW-136	
5	上海电气		W2MW-93/99/105/111/116 W2.1MW/2.5MW-126 W2.1MW/2.5MW-136 W2.1MW/2.5MW-135 W2.5MW-146	W3.45MW-146 W3.45MW-155 W3.6MW-116/122	W4.0MW-136 W4.5MW-155 W4.8MW-146 W4.8MW-155	
6	明阳智能			3.0MW-135 3.2MW-145 3.MW2-156	4.0MW-156	5.0MW-156 5.0MW-166

E.1.2 主流机型技术参数（见附表 E-2）

附表 E-2 主流机型技术参数

技术参数	单位	GE		维斯塔斯			远景		金风		上海电气	
		GE 3.8-130	GE 5.3-158	V 3.45-126	V 3.45-136	V 4.2-150	EN 3.2-141	EN 3.0-156	GW 4.5-155	GW 4.2-136	W 2.1-135	W 2.5-146
额定功率	kW	3800	5300	3450/3600	3450/3600	4000/4200/4300	3200	3000	4500	4200	2100	2500
功率调节方式		变速变桨	变速变桨	变速变桨	变速变桨	变速变桨			变速变桨			
设计安全等级		IEC IIb	IEC S	IEC IIB/ IEC IIA	IEC IIB/ IEC IIIA	IEC IIIB/ IEC S	IEC S	IEC S	IEC IIIB	IEC IIA	IEC S	IEC S
叶轮直径	m	130	158	126	136	150	141	156	155	136.8	135	146
轮毂中心高度	m	85	101	87m（IEC IIB/IEC IIA），117m（IEC IIB/IEC IIA/DIBtS），137m（IEC IIIA/DIBtS），147m（IEC IIIA），149m（DIBtS），166m（DIBtS）	82m（IEC IIB/IEC IIA），105m（IEC IIIA），112m（IEC IIB/IEC IIIA），132m（IEC IIB/IEC IIIA/ DIBt2），142m（IEC IIIA），149m（DIBtS），166m（DIBtS）	视情况而定	90~150	90~160	110, 95, 根据项目定制	100, 110, 根据项目定制	85~140	90~140

续表

技术参数	单位	GE 3.8-130	GE 5.3-158	V 3.45-126	V 3.45-136	V 4.2-150	EN 3.2-141	EN 3.0-156	GW 4.5-155	GW 4.2-136	W 2.1-135	W 2.5-146
		GE		维斯塔斯			远景		金风		上海电气	
切入风速	m/s	—	3	3	3	3	3	3	2.5	2.5	3	3/2.5
额定风速	m/s	14.5	12.5				10	9	10.8	11.2		
切出风速（10min 平均值）	m/s	25	25	22.5	22.5	22.5	20	20	24	20~25	22	19
设备可利用率									≥95%	≥95%		
运行温度范围	℃	-30~+40	-30~+40	-20~+45	-20~+45	-20~+45			-30~+45	-20~+40	-20~+40	-20~+40
设计使用寿命	年	≥20	≥20	≥20	≥20	≥20	≥20	≥20	≥20	≥20	≥20	≥20
叶轮扫风面积	m²	13273	19607	12469	14527	17671	15615	19113	12469	14527	14310	16277

明阳智能

技术参数	单位	3.0-135	3.2-145	3.2-156	4.0-156	5.0-156	5.0-166
额定功率	kW	3000	3200	3200	4000	5000	5000
功率调节方式		变桨变速	变桨变速	变桨变速	变桨变速	变桨变速	变桨变速
设计安全等级		IEC S	IEC S	IEC S	IEC S	IEC S	IEC S
叶轮直径	m	135	145	156	156	156	166
轮毂中心高度	m	85~140	90~140	95~150	95~150	95~150	100~160
切入风速	m/s	3	2.5	2.5	2.5	2.5	2.5
额定风速	m/s	9.3	8.7	9	9.5	11	10
切出风速（10min 平均值）	m/s	20	20	20	20	20	20

续表

技术参数	单位	明阳智能					
		3.0－135	3.2－145	3.2－156	4.0－156	5.0－156	5.0－166
设备可利用率		≥95%	≥95%	≥95%	≥95%	≥95%	≥95%
运行温度范围	℃	常温型:－10～+40 低温型:－30～+40	常温型:－10～+40 低温型:－30～+40	常温型:－10～+40 低温型:－30～+40	常温型:－10～+40 低温型:－30～+40	常温型:－10～+40 低温型:－30～+40	常温型:－10～+40 低温型:－30～+40
设计使用寿命	年	≥20	≥20	≥20	≥20	≥20	≥20
叶轮扫风面积	m²	13953	16505	19104	19104	19104	21631

E.2　太阳能光伏主要设备

E.2.1　光伏组件主要厂家（见附表E-3）

附表E-3　光伏组件主要厂家

厂家	组件种类	电池片尺寸	工艺技术	主流功率区间 W_P	转换效率（%）
晶科	单晶单面	166	PERC、半片、9BB、M6电池	370/375	20.28/20.55
				440/445	20.43/20.66
	单晶双面	166	PERC、双面双玻、半片、9BB、M6电池	440/445	20.20/20.43
	单晶单面	182	PERC、半片、10BB、M10电池	535/540	20.75/20.94
	单晶双面	182	PERC、双面双玻、半片、10BB、M10电池	530/535	20.55/20.75
	单晶单面	166	PERC、半片、9BB、M6电池	445/450	
	单晶双面	166	PERC、双面双玻、半片、9BB、M6电池	445/450	
天合光能	单晶单面	210	PERC、半片、12BB、M12	540/545	
	单晶双面	210	PERC、双面双玻、半片、12BB、M12电池	535/540	
	单晶单面	210	PERC、半片、12BB、M12	660	
	单晶双面	210	PERC、双面双玻、半片、12BB、M12电池	660	

续表

厂家	组件种类	电池片尺寸	工艺技术	主流功率区间 W_p	转换效率（%）
晶澳	单晶单面	166/168	PERC、半片、9BB、M6 电池	380/385/390	20.4/20.7/21
				450/455 /460	20.3/20.5/20.7
	单晶双面	166/168	PERC、双面双玻、半片、9BB、M6 电池	375/380	20.1/20.4
				450/455	20.2/20.4
	单晶单面	182	PERC、半片、9BB、M6 电池	485/490	20.4/20.6
				540/545/550	20.9/21.1/21.3
	单晶双面	182	PERC、双面双玻、半片、9BB、M6 电池	485/490/495	20.4/20.6/20.8
				540/545	20.8/21
锦州阳光能源有限公司	单晶单面/双面	166	PERC、半片、9BB、M6 电池、单面单玻/双面双玻	370/375	20.3/20.6
				445/450	20.5/20.7
		182	PERC、半片、9BB、M10 电池、单面单玻/双面双玻	375/380	20.6/20.9
				445/450	20.5/20.7
				490/495	20.6/20.8
				535/540	20.7/20.9
				490/495	20.6/20.8
				535/540	20.6/20.8

续表

厂家	组件种类	电池片尺寸	工艺技术	主流功率区间 W_p	转换效率（%）
唐山海泰新能科技股份有限公司	单晶单面	166	PERC、半片、9BB、M6 电池	370/375 445/450	20.31/20.59
	单晶双面	166	PERC、双面双玻、半片、9BB、M6 电池	370/375 445/450	20.31/20.7
	单晶单面	182	PERC、半片、9BB、M6 电池	445/450 535/540	20.79/20.89
	单晶单面	182	PERC、双面双玻、半片、9BB、M6 电池	495/500 580/585	21.6/20.87
	单晶单面	210	PERC、半片、9BB、M6 电池	495/500 600/605	20.93/21.38
东方日升	单晶单面	210	PERC、半片、9BB、M12 电池	495/500 545/550 590W/595	20.2/20.4 20.9/21.0 20.8/21.0
	单晶双面	210	PERC、双面双玻、半片、9BB、M12 电池	495/500 545/550 590W/595	20.1/20.3 2.9/21 20.8/21

续表

厂家	组件种类	电池片尺寸	工艺技术	主流功率区间 W_p	转换效率（%）
阿特斯	双面双玻	166	PERC、半片、9BB、166电池	440/445/450	19.7/19.9/20.1
	单面	166	PERC、半片、9BB、166电池	450/455	20.4%/20.6
	双面双玻	182	PERC、半片、10BB、182电池	530/535/540	20.6/20.8/21.0
	单面	182	PERC、半片、10BB、182电池	535/540/545	20.9/21.1/21.3
	双面双玻	210	PERC、半片、12BB、210电池	580/585/590	20.5/20.7/20.9
	双面双玻	210	PERC、半片、12BB、210电池	640/645/650	20.6/20.8/20.9
	单面	210	PERC、半片、12BB、210电池	585/590/595	20.7/20.8/21.0
	单面	210	PERC、半片、12BB、210电池	645/650/655	20.8/20.9/21.1
隆基	166单晶组件	166	PERC、半片、9BB、M6电池、掺镓硅片、智能焊带	440/455	20.2~20.9
	182单晶组件	182	PERC、半片、9BB、M10电池、掺镓硅片、智能焊带	480/500	20.4~21.3
				535/545	20.9~21.3
协鑫集成	单晶单面	166	PERC、半片、9BB、M6电池	365/380	19.7/20.6
	单晶双面	166	PERC、双面双玻、半片、9BB、M6电池	435/455	19.5/20.4
通威太阳能（合肥）有限公司	单晶单面	158	叠瓦技术	380~385	20.3~20.5
	单面单晶	158	叠瓦技术	460~465	20.3~20.5
	单面单晶	166	叠瓦技术	390~400	20.2~20.4
	单面单晶	166	叠瓦技术	475~480	20.3~20.5

续表

厂家	组件种类	电池片尺寸	工艺技术	主流功率区间 W_p	转换效率（%）
正信光电科技股份有限公司	单面单玻	166	PERC、半片、9BB	430~455	19.78~20.93
	双面双玻	182	PERC、半片、10BB	520~545	20.34~21.32

厂家	组件种类	工艺技术	主流功率区间 W_p	尺寸（mm）
隆基乐叶	单晶单面	PERC、半片、9BB、M6电池	375/380	1755×1038×35
			440/445	2094×1038×35
	单晶双面	PERC、双面双玻、半片、9BB、M6电池	375/380	1755×1038×35
			440/445	2094×1038×35
东方日升	单晶单面	PERC、半片、多主栅	405~415/435~445	2015×996×40/2178×996×40
		PERC、半片、多主栅	435~445	2108×1048×40
		PERC、半片、多主栅	485~495	2220×1108×40
	单晶双面	PERC、双面双玻、144半片、9BB、G1电池、多主栅	405/410	2016×996×30
		PERC、半片、多主栅	430~435	2128×1048×40
		PERC、半片、多主栅	480~485	2220×1108×40

续表

厂家	组件种类	工艺技术	主流功率区间 W_p	尺寸（mm）
晶澳	单晶单面	PERC，多主栅	320/325/330	1657×996×35
			385/390/395	1979×996×40
	单晶单面	PERC，半片，多主栅，S09 电池	335/340 400/405/410	1989×996×35
				2015×996×40
	单晶双面	PERC，双面双玻，144 半片，9BB，S09 电池	445/450	2120×1052×40
晶科	单晶单面	PERC，半片	405/410	2008×1002×30
		PERC，半片，多主栅，叠焊	460/465	2182×1029×35
	单晶双面	PERC，半片，双面双玻，双面透明背板	400/405	2031×1008×30
		PERC，半片，双面双玻，双面透明背板	455/460	2205×1032×35
	多晶	半片，黑硅	285，290	1690×996×35
			340，345	2015×996×35
天合	单晶单面	PERC，半片，多主栅，G1 电池	335，340	1690×996×35
			405，410	2015×996×35
		PERC，半片，多主栅，M6 电池	445，450	2102×1040×35
		PERC，半片，多主栅，高密度封装	490，495	2176×1098×35
	单晶双面	大硅片 M12，PERC，半片，9BB，G1 电池	405，410	2024×1002×30
		PERC，双面双玻，半片，多主栅，M6 电池	440，445	2111×1046×30
		大硅片 M12，双面双玻，PERC，半片，多主栅，高密度封装	485，490	2187×1102×35

续表

厂家	组件种类	工艺技术	主流功率区间 W_P	尺寸（mm）
协鑫	多晶	黑硅、PERC、半片等	330~360（72版型）	1956×992×35（72版型全片） 1986×992×35（72版型半片）
		单晶 PERC、半片	375~385（72版型）	1956×992×35（72版型全片） 1986×992×35（72版型半片）
	单晶单面	铸锭单晶 PERC、单晶 PERC、半片、多主栅	380~410（72版型）	1980×1000×35（72版型全片） 2010×1000×35（72版型半片）
		铸锭单晶 PERC、单晶 PERC、半片、多主栅	425~445（72版型）	2108×1048×35
		铸锭单晶 PERC、单晶 PERC、三分之一片、多主栅	470~500	2176×1108×35
	单晶双面	双面双玻、铸锭单晶 PERC、单晶 PERC、半片、多主栅	380~410	2036×1002×30（半片版型，含边框）
		双面双玻、铸锭单晶 PERC、单晶 PERC、半片、多主栅	425~445	2130×1048×30（半片版型，含边框）
		铸锭单晶 PERC、单晶 PERC、三分之一片、多主栅	470~500	2190×1108×30（含边框）

续表

厂家	组件种类	工艺技术	主流功率区间 W_{p}	尺寸（mm）
阿特斯	多晶单面	PERC、半片、黑硅、多主栅	300/305/310	1675×992×35
	多晶单面	PERC、半片、黑硅、多主栅	360/365/370	2000×992×35
	多晶单面	PERC、半片、黑硅、多主栅	335/340/345	1765×1048×40
	多晶单面	PERC、半片、黑硅、多主栅	405/410/415	2108×1048×40
	单晶单面	PERC、半片、多主栅	320/325/330	1675×992×35
	单晶单面	PERC、半片、多主栅	385/390/395	2000×992×35
	单晶单面	PERC、半片、多主栅	360/365/370	1765×1048×40
	单晶单面	PERC、半片、多主栅	435/440/445	2108×1048×40
	多晶双面	PERC、半片、黑硅、多主栅	355/360/365	2022×992×30
	多晶双面	PERC、半片、黑硅、多主栅	395/400/405	2132×1048×30
	单晶双面	PERC、半片、多主栅	375/380/385	2022×992×30
	单晶双面	PERC、半片、多主栅	425/430/435	2132×1048×30

E.2.2　光伏组件规格与参数

目前主流光伏组件主要为 300＋、400＋、500＋三种，主要参数见附表 E－4。

附表 E－4　300＋、400＋、500＋光伏组件规格与参数

测试条件	STC
最大功率（P_{max}/W）	380
开路电压（V_{oc}/V）	41.3
短路电流（I_{sc}/A）	11.67
最大功率点电压（V_{mp}/V）	34.7
最大功率点电流（I_{mp}/A）	10.96
组件效率（%）	20.9
电流温度系数（%/℃）	0.050
电压温度系数（%/℃）	－0.284
功率温度系数（%/℃）	－0.350
工作温度（℃）	－40～＋85
功率误差（W）	0～＋5
系统最大电压（V）	1500 DC（IEC）
最大熔丝额定电流（A）	25
标准工作温度（℃）	45±2
安全保护等级	Class Ⅱ
组件防火等级	UL type 3
双面因子	镀面≥70%
电池片类型	单晶硅
电池排列	120（6×20）
接线盒	IP68，3 个二极管
输出线	4mm²，长度 300mm 长度可以定制
组件尺寸（mm）	1755×1038×30
边框	阳极氧化铝合金边框
质量（kg）	23.3
技术	单晶 PERC/双面/双玻/半片
首年功率衰减	＜2%
首年后每年功率衰减	＜0.45%

续表

测试条件	STC
最大功率（P_{max}/W）	440
开路电压（U_{oc}/V）	49.2
短路电流（I_{sc}/A）	11.45
最大功率点电压（U_{mp}/V）	41.0
最大功率点电流（I_{mp}/A）	10.73
组件效率（%）	20.2
电流温度系数（%/℃）	0.050
电压温度系数（%/℃）	−0.284
功率温度系数（%/℃）	−0.350
工作温度（℃）	−40 ~ +85
功率误差（W）	0 ~ +5
系统最大电压（V）	1500 DC（IEC）
最大熔丝额定电流（A）	25
标准工作温度（℃）	45 ± 2
安全保护等级	Class Ⅱ
组件防火等级	UL type 3
双面因子	70 ± 5%
电池片类型	单晶硅
电池排列	144（6×24）
接线盒	IP68，3 个智能芯片
输出线	$4mm^2$，长度 300mm 长度可以定制
组件尺寸（mm）	2.094×1.038×35
边框	双极氧化铝合金边框
质量（kg）	27.5
技术	单晶 PERC/双面/双玻/半片
首年功率衰减	<2%
首年后每年功率衰减	<0.45%

续表

测试条件	STC
最大功率（P_{max}/W）	540
开路电压（V_{oc}/V）	49.5
短路电流（I_{sc}/A）	13.85
最大功率点电压（V_{mp}/V）	41.65
最大功率点电流（I_{mp}/A）	12.97
组件效率（%）	21.1
电流温度系数（%/℃）	0.050
电压温度系数（%/℃）	-0.284
功率温度系数（%/℃）	-0.350
工作温度（℃）	-40 ~ +85
功率误差（W）	0 ~ +5
系统最大电压（V）	1500 DC（IEC）
最大熔丝额定电流（A）	30
标准工作温度（℃）	45 ±2
安全保护等级	Class Ⅱ
组件防火等级	UL type 3
双面因子	70 ±5%
电池片类型	单晶硅
电池排列	144（6 ×24）
接线盒	IP68，3 个二极管
输出线	4mm^2，长度 300mm 长度可以定制
组件尺寸（mm）	2256 ×1133 ×35
边框	阳极氧化铝合金边框
质量（kg）	32.3
技术	单晶 PERC/双面/双玻/半片
首年功率衰减	<2%
首年后每年功率衰减	<0.45%

E.2.3 逆变器主要厂家（见附表E-5）

附表E-5 逆变器主要厂家

厂　　家	种　　类	主流功率区间（kW）
阳光电源股份有限公司	集中式 组串式	2000～3125 20～225
特变电工西安电气科技有限公司	集中式 组串式	2000～3125 225
无锡上能电气股份有限公司	集中式 组串式 集散式	2000～3125 225
华为技术有限公司	集中式 组串式	2000～3125 8～196
深圳市禾望电气股份有限公司	集散式	225
深圳古瑞瓦特新能源股份有限公司	集中式 组串式	2000～3125 225
深圳科士达科技股份有限公司	集中式 组串式	2000～3125 10～225
宁波锦浪新能源科技股份有限公司	集中式 组串式	2000～3125 10～230
江苏固德威电源科技股份有限公司	集中式 组串式	2000～3125 10～230
德国 SMA	集中式	2000～3125 10～230
西班牙 Power Electronics	集中式	2000～3125 10～230
意大利 Fimer	集中式	2000～3125 10～230
东芝三菱 TMEIC	集中式	2000～3125 10～230

E.2.4 逆变器主要参数

（1）组串式逆变器，主要有阳光、特变和华为，参数如附表E-6所示。

附表 E-6　组串式逆变器主要参数

组串式逆变器参数	单位	数量
输出额定功率	kW	225
最大交流侧功率	kVA	247.5
最大交流电流	A	178.7
最高转换效率	%	99.01
我国效率	%	98.52
输入直流侧电压范围	Vdc	0~1500
最大功率跟踪（MPPT）范围	Vdc	860~1300
每路 MPPT 最大直流输入电流	A	30
额定电网频率	Hz	50
功率因数		0.8（超前）~0.8（滞后）
输出额定功率	kW	196
最大交流侧功率	kVA	216
最大交流电流	A	157.4
最高转换效率	%	99
我国效率	%	98.4
输入直流侧电压范围	Vdc	0~1500
最大功率跟踪（MPPT）范围	Vdc	500~1500
每路 MPPT 最大直流输入电流	A	26
额定电网频率	Hz	50
功率因数		0.8（超前）~0.8（滞后）

（2）集中式逆变器参数如附表 E-7 所示。

附表 E-7　集中式逆变器主要参数

3125kW 集中式逆变器参数	单位	数量
输出额定功率	kW	3125
最大交流侧功率	kVA	3437

续表

3125kW 集中式逆变器参数	单位	数量
最大交流电流	A	3308
最高转换效率	%	99
我国效率	%	98.55
输入直流侧电压范围	Vdc	0～1500
最大功率跟踪（MPPT）范围	Vdc	875～1300
每路 MPPT 最大直流输入电流	A	3997
额定电网频率	Hz	50
功率因数		0.8（超前）～0.8（滞后）

（3）集散式逆变器，主要有上能和禾望。逆变器技术规格见附表 E-8。

附表 E-8　集散式逆变器技术规格

参　　数	单位	型号
最大直流输入电压	V	1500
直流输入电压范围	V	1150～1300
最大输入电流/支路数	A	3062/14～20
额定交流输出功率	MVA	3.15
最大交流输出功率	MW	3.465
额定电网电压	V	800
电网电压允许波动范围	V	680～880
额定输出电流	A	2500
额定电网频率/允许电网频率范围	Hz	50/45～55
功率因数可调范围		-0.8/0.8
额定功率下总谐波畸变率	%	<3
最大效率（不含变压器）	%	99.04
欧洲效率（不含变压器）	%	98.70
运行温度范围	℃	-30～+60

附件F

集团公司标准对风电、太阳能光伏主要技术要求为方便二级单位在开展境外新能源项目技术尽调分析评估中与集团公司有关要求对标，本附件从集团公司标准 QSPI 9733—2016《风电场工程可研设计管理导则与深度规定》和 QSPI 9705—2016《光伏发电工程可研设计管理导则与深度规定》中摘录了与技术尽调相关的要求供参照使用。

F.1 风电项目主要技术要求

F.1.1 风机选型

F.1.1.1 备选机型

根据有关风能资料和工程地质资料，对技术成熟的风电机组进行比选，通过对可选择机型进行机组价格、电气设备费用和施工费用等方面的经济技术比较，结合风电场风资源和地形特点，考虑风电机组叶片、塔筒等大件运输对道路以及安装场地的需求等。主要考虑因素如下：

（1）多年平均风速和极限风速。

（2）设备运输及吊装方案的可行性与经济性比较。

（3）根据当地气象条件确定是否选择低温型（或采取低温措施）风电机组。

（4）机组的运行稳定性。

（5）机组运行维护、备品备件采购与更换方便性。

（6）预计在项目建设阶段设备生产厂商主要机型的市场供需情况。

（7）功率曲线已通过国际权威机构认证的风电机组。

F.1.1.2 整机技术要求

（1）机组输出端电网条件。风电机组必须是国家能源局制定的国能新能〔2010〕433 号规定通过检测并取得并网检测机构出具的检测报告的机型。风电机组并网检测内容包括风电机组电能质量、有功功率/无功功率调节能力、低电压穿越能力、电网适应性（包括频率/电压适应性和抗干扰能力）、电气模型验证，具体参数和指标执行现行国家/行业相关标准规定。

风电机组与电网相联以及与电网相互作用应能满足 IEC 61400 – 21 标准及 Q/GDW 392 的相关规定。风电机组设备应满足国家电网的要求。

1）电压。−10%～+10%。

2）频率。48～49.5Hz：每次频率低于49.5Hz时要求至少运行10min；49.5～50.5Hz：连续运行；50.5～51Hz：每次频率高于50.5Hz时，要求至少运行2min；风电机组功率因数感性0.95～容性0.95之间可调。

3）闪变。闪变干扰允许值应满足GB 12326的要求。

4）谐波。谐波注入电流应满足GB/T 14549的要求。

5）电压对称性，即电压不平衡值应保持在电压负序分量与正序分量的比例不超过2%。

6）每年电网停电应小于20次，每次最长停电持续时间应不超过3天。

（2）性能要求。

1）机组在额定工况时，其输出的功率应大于或等于额定功率。

2）机组须具备低电压穿越能力。

3）机组运行在不同的输出功率时，机组的可控功率因数变化范围应在−0.95～+0.95之间。

4）机组应具备通过中央监控系统进行有功功率在线调节的能力；中央监控系统应具备风电场有功功率在线调节能力。

5）机组应满足项目所在地电网提出的技术要求。

（3）整机可靠性要求。

1）机组主要部件设计寿命应大于或等于20年。

2）单台机组年可利用率应大于或等于90%。

3）整场机组年平均可利用率应大于或等于96%。

（4）机组动特性要求。

1）机组在所有设计运行工况下和给定使用寿命期间内，不发生任何机械及气体动弹性不稳定现象，也不产生有害的或过度的振动。

2）机组在正常运行范围内塔架振动量不应超过20mm/s。

（5）噪声要求。机组在输出功率为1/3额定功率时排放的噪声（等效声功率级）应小于或等于110dB（A）；在对噪声有要求和限制的区域，机组综合排放的噪声应符合该区域所执行的相关标准的规定。

（6）可维护性与可维修性要求。在机组要维护的部位应留有调整和维护的空间，以便于维护；机组及零部件在质量合格的前提下应具有维修、调整和修复性能；塔架高度超过 80m 的机组应为维护人员配备安全的提升设备。

（7）外观防护要求。

1）机组及部件所有外露部分应涂漆或镀层，涂镀层应表面光滑、牢固和色泽一致。

2）用在风沙低温区或近海盐雾区的机组，其涂镀层应考虑风沙或盐雾的影响。

（8）安全要求。

1）机组的安全防护应符合 GB 18451.1 的要求。

2）机组为了防雷应有良好的导电通路，塔架需有可靠接地装置，接地电阻应小于 4Ω；电力线路、电气设备、控制柜外壳及次级回路之间的绝缘电阻应大于 $1M\Omega$。

3）在电网停电紧急停机时，所有刹车装置应自动按程序投入，且机组停机时的所有状态参数应能记录保存。

4）机组应配备必要的消防设备、应急设备和安全标识。

（9）功率输出。在正常工作状态下，机组功率输出理论值的偏差不应超过 5%；当风速大于额定风速时，持续 10min 功率输出应不超过额定值的110%，瞬间功率输出应不超过额定值的125%。

（10）通信要求。机型就地控制及中央监控系统通信协议对外完全开放，即可实现全部信息、数据及指令的上传与下传功能。

中央监控系统应具备标准对外通信接口，并满足 IEC 61400 - 25 通信规范和标准 OPC 数据接口规范。

F.1.2　风能资源评价

按照 GB/T 18710 计算出预装风电机组轮毂高度处代表年平均风速、平均风功率密度值和风功率密度等级等，并绘制月变化、日变化和频率分布图、月风能风向玫瑰图，分析变化规律的一致性和合理性。根据不同高度的平均风速和风功率密度判定风电场开发的风功率密度等级，风功率密度等级参照标准见附表 F - 1。

附表 F-1　风功率密度等级参照标准

风功率等级	10m 高度		30m 高度		50m 高度	
风功率等级	风功率密度（W/m²）	年平均风速（m/s）	风功率密度（W/m²）	年平均风速（m/s）	风功率密度（W/m²）	年平均风速（m/s）
1	<100	4.4	<160	5.1	<200	5.6
2	100~150	5.1	160~240	5.9	200~300	6.4
3	150~200	5.6	240~320	6.5	300~400	7.0
4	200~250	6.0	320~400	7.0	400~500	7.5
5	250~300	6.4	400~480	7.4	500~600	8.0
6	300~400	7.0	480~640	8.2	600~800	8.8
7	400~1000	9.4	640~1600	11.0	800~2000	11.9

F.1.3　风机布置原则

根据招标采购确定的机组型号，综合考虑风电场地形、地表粗糙度、障碍物等，并合理利用风电场各测站订正后的测风资料，利用专业风能资源评估软件，绘制风电场轮毂高度处的风能资源分布图。

根据风电场风能资源分布情况和实际测绘地形图，兼顾单机发电量和机组间的相互影响，以及地形条件的限制等因素，对风电机组布置进行优化。平坦地区可以按照梅花型布机原则考虑，在平行主风向方向风机间距5D以上叶轮直径，垂直主风向方向风机间距主要按3D以上叶轮直径考虑；复杂地形场址在上述原则基础上，根据主风向和山体走势进行机位调整和优化，主要有散乱型、条线型布机方式等。风机布置型式参考原则见附表F-2。

附表 F-2　风机布置型式参考原则

地形条件	风机布置形式	参考间距	备注
平坦地区	梅花型	3D~5D	视具体情况优化调整
山地地区	—	≥2.5D	视具体情况优化调整
条形地区	条线型	2.5D~6D	视具体情况优化调整
复杂地貌区	散乱型	—	视具体情况优化调整

F.1.4　风电场上网电量各项折减系数

利用风能资源评估专业软件，结合风电场风况特征和风电机组功率曲线，计算风电场当地空气密度状态下的理论年发电量。对于机组采用的当地空气密度下功率曲线，应向风电机组厂家进行核查确认。

在理论发电量计算的基础上，还应针对不同风电场特点，考虑附表F-3所列折减因素中应当包含的折减项，计算风电场年上网电量。

附表F-3　风电场上网电量各项折减系数参考

序号	项　　目	折减系数 （%）	发电量 （亿 kWh）	备　　注
1	理论发电量			
2	尾流折减	原则上≤6		原则上单机不超过8%
3	空气密度折减			根据厂家提供现场空气密度功率曲线进行修正
4	风电机组利用率折减	≤5		根据厂家提供资料进行修正
5	功率曲线折减	≤5		根据厂家提供资料进行修正
6	叶片污染折减	≤6		根据当地实际情况进行修正
7	气候影响停机折减			根据当地实际情况进行修正
8	控制湍流折减	2～4～6		根据低等→中等→高等湍流强度情况进行修正
9	厂用电、线损等能量损耗折减			根据损耗估算得出
10	粗糙度折减	2～5		
11	V 风电场群影响的折减			根据周边风电场情况进行修正
12	电网波动和限电折减			根据区域电网情况进行修正，该项折减系数差异较大
13	软件计算误差的折减			
14	其他不确定因素折减			根据实际情况进行折减修正

续表

序号	项 目	折减系数 （%）	发电量 （亿 kWh）	备 注
15	综合折减	25～35		
16	年等效满负荷利用小时数 （h）			
17	容量系数			

F.1.5 接入电力系统

接入系统方案应包括：

（1）说明风力发电工程与电力系统的连接方式。

（2）说明输电电压等级、方向。

（3）说明出线回路数、输送容量、输送距离、送出线路导线截面。

（4）说明无功补偿容量、型式、连接方式，中性点接地方式。

（5）风电场容量与送出电压等级及主变压器配置原则宜按附表 F-4 推荐选定。

附表 F-4 风电场容量与送出电压等级及主变压器配置推荐

风电场容量 （MW）	送出电压等级及 回路数	主变压器配置	备 注
50	1×110（66）kV	1×50MVA	
100	1×110（66）kV	2×50MVA	
150	2×110kV	1×50MVA+1×100MVA	
150	1×220（330）kV	1×50MVA+1×100MVA 或 1×150MVA 或 3×50MVA	根据风电场分期建设情况进行分析判断；变压器容量不等且并列运行时，要求阻抗电压一致
200	1×220（330）kV	2×100MVA	
250	1×220（330）kV	1×100MVA+1×150MVA	变压器容量不等且并列运行时，要求阻抗电压一致
300	1×220（330）kV	3×100MVA 或 2×150MVA	

F.1.6 电气主接线

F.1.6.1 风电场电气主接线

风电场风电机组的升压采用"一机一变"的单元接线形式。应提供风力发电机组变电单元的配置方式、接线、布置、容量、电压等级。

F.1.6.2 升压站电气主接线

(1) 主要内容应包括以下方面。

1) 升压站规模、各级电压负荷、出线回路数及其名称等。

2) 变压器台数、型式、主要技术规范及接入方式。

3) 无功补偿装置容量、台数、调节方式及其回路设备。

4) 对主接线方案进行比较，确定各级电压母线接线方式（风电场建设本期及远期）。

5) 分期建设与过渡方案。

6) 各级电压中性点接地方式。

(2) 具体要求。电气主接线应遵循统一规划、分期建设的原则。电气主接线型式宜按附表 F-5 选用。

附表 F-5　电气主接线型式选用推荐

装机容量（MW）	变电站电压等级（kV）	主接线方式	
		高压侧	集电线路侧
≥150	220 或 330	单母线（注2）	单母线（1 台主变压器），单母线分段（2 台以上主变压器）
<150 ≥30	110 或 66	单母线（分段）、线路 - 变压器组	单母线（1 台主变压器），单母线分段（2 台以上主变压器）
<30	一般不设专用升压站，可就近接入用户变电站	集电线路电压 35、20、10kV	

F.1.7 集电线路

(1) 风电场内集电线路优先选用架空线路。对于凝冻地区风电场内集电线路可采用电缆直埋形式。架空线路的布置应合理避让场内道路及安装场，一般架空线路布置在距离风机中心约 30 ~ 45m 处（需根据地形的不同进行计算，特别注意山区风机与杆塔的高差以及叶片较长的情况）。箱式变压器布置在线路引上杆塔与风机中心的连线上，距离风机中心 15m。箱式变压器高压侧与架空线路主体的连接采用高压电缆引上的形式，电缆采用直埋敷设。箱式变压器低压侧与风电机组塔筒内设备的连接推荐采用电缆穿管的形式。

（2）集电线路回路数与电压等级（35kV 或 10kV）应根据地形、风向、线路压降及电能损耗等方面通过技术经济比较确定。集电线路长度在 10km 以内的可选择 10kV 集电线路，大于 10km 的应选择 35kV 集电线路。

（3）风电场集电线路与机组变压器的电压降之和应不大于 5%。对于导线线径的选择，应提出不同线径的结合。风电场工程架空集电线路导地线型号的选择可参考附表 F-6。

附表 F-6　风电场工程架空集电线路导地线选型一览

集电线路容量	导线型号	地线型号
10MW 及以下	JL/G1A-95/20	GJ-35
10~16MW	JL/G1A-150/25	GJ-35
16~20MW	JL/G1A-185/30	GJ-50
20~26MW	JL/G1A-240/30	GJ-50

F.2　太阳能光伏项目主要技术要求

F.2.1　光伏电站场址选择条件

光伏电站厂址的选择应结合光伏电站建设的特点、场地地形、地貌、气候条件，以及各地区现行的政策进行。

F.2.1.1　平地光伏电站场址选择条件

（1）光照充足、无遮挡、辐射好、风速小（避开风口）。

（2）地形地势较平坦、开阔，能满足工程装机规模布置要求。

（3）有扩建的余地（以满足分期建设大规模集中开发的要求）。

（4）电站的规模与电网连接方便，电网有消纳能力。

（5）地质条件较好，能满足工程建设的要求，无潜在地质灾害条件。

（6）交通方便。

（7）不能占用军事用地、文物保护区等特殊使用价值的地区。

（8）不压覆已探明的矿产资源。

（9）不占用农田、林地和水利规划。

（10）项目规划用地已纳入当地土地利用规划，场址征（租）地费用低，当地政府积极参与和支持，提供优惠政策和各种便利条件。

（11）附近是否存在高山遮挡的可能性。

F.2.1.2 山地光伏电站厂址选择条件

除考虑上述平地厂址选择条件外，还应注意以下几点：

（1）地质构造稳定，适宜建设光伏电站，场地不需进行大规模场平处理，防洪工程简单易行。

（2）应优先选择山体或山丘的南坡（阳坡），建设条件较好的东、西向偏南坡地可适当选用；山地整体地形起伏不应变化过多，南北向最大坡度不宜超过25°，东西向地形起伏应平缓。

（3）应避开较大的冲沟或山洪暴发时洪水的排泄通道。

（4）采用自动跟踪运行方式的光伏电站不宜选择山地场址。

F.2.1.3 水面漂浮式光伏电站场址选择

应注意以下问题：

（1）径流稳定，防止水流过大导致光伏浮体在水流冲击下发生碰撞等。

（2）风速较大地区，应采用可靠措施，防止光伏组件在风荷载作用下产生移动。

（3）分析多年水位变化，防止因水位变化造成浮体倾斜等。

（4）无冬季结冰现象，防止结冰破坏浮体结构。

（5）无台风暴雨等恶劣天气。

（6）场址应选择在非生态敏感区，不能对水中的生物、水质等产生不利影响。

（7）需符合水利部门取水、排水的要求等。

F.2.2　接入电力系统条件

（1）接入电力系统条件是光伏发电工程能否建设和确定建设规模的重要条件，从尽量减少网损（线损）和入网工程建设成本的角度考虑，光伏发电工程宜尽可能靠近电网，同时兼顾地区电力负荷发展的需要。

（2）光伏发电工程接入电力系统应考虑电网现有容量、结构及其可容纳的最大容量，以及光伏发电工程的上网规模与电网是否匹配的问题。

（3）光伏发电工程拟接入的系统变电站宜有备用间隔可供接入，或系统变电站具备出线间隔扩充条件。

（4）根据光伏发电工程接入系统的入网距离、出线回路数、线路输送容量等，初步评价光伏发电工程接入电力系统条件。

F.2.3　工程地形地质条件

（1）地形因素要考虑光伏发电场址区域的复杂程度，对复杂场地（有洪水、冲沟等）应考虑工程处理措施。

（2）分析场址区地震烈度、工程地质和水文地质条件是否适合建设光伏电站。若判断场址区有地质灾害危险发生的可能性，如采空区、泥石流、滑坡地段和发震断裂带等，应开展工程地质灾害评估工作。

F.2.4　交通运输及施工安装条件

分析道路、港口、码头、桥涵对光伏电站大型设备运输及施工安装的制约条件。

F.2.5　主要机电设备选择

F.2.5.1　太阳电池组件

（1）电池组件应当提供具有ISO导则25资质的专业测试机构出具的符合国家标准（或IEC标准）的可靠性测试报告，并给出标准号。

（2）对采用单晶硅电池的电池组件，STC（标准测试条件）下全光照面积组件转换效率不能低于16.82%。

（3）对采用多晶硅电池的电池组件，STC（标准测试条件）下全光照面积组件转换效率不能低于16.21%。

（4）电池组件应提供该规格产品已经通过国内质量认证机构（CGC、CQC）的认证。满足集团公司《晶体硅太阳电池组件质量检验标准》，电池组件的使用寿命均不低于 25 年。

（5）多晶硅和单晶硅电池组件衰减率应不高于工信部《光伏制造行业规范条件》的要求，电池组件 2 年内总衰减率不高于2%，10 年内总衰减率不高于10%，25 年内总衰减率不高于20%。

（6）优先选择单晶硅组件。光资源最丰富和很丰富地区，单晶硅组件宜不小于30%。在高温高湿度地区可根据项目的实际情况选用双波组件。

F.2.5.2　逆变器、升压变压器等设备

（1）逆变器应当提供具有 ISO 导则 25 资质的专业测试机构出具的符合国家标准（或 IEC 标准）的可靠性测试报告，并给出标准号。

（2）逆变器应提供该规格产品已经通过国内质量认证机构（CGC、CQC）的认证证书。逆变器的使用寿命均不低于 25 年。

（3）集中式逆变器在额定负载时转换效率不低于98.2%（我国效率），在额定负载 10% 时转化效率不低于90%；组串式逆变器在额定负载时转换效率不低于98.2%（我国效率），在额定负载 10% 时转化效率不低于90%，集散式逆变器在额定负载时转换效率不低于98.2%（我国效率），在额定负载10% 时转化效率不低于90%。

（4）逆变器必须采取滤波措施使输出电流能满足并网要求，要求电压谐波畸变率不超过 3%。

（5）逆变器应具有低电压耐受能力。

（6）根据电网对光伏电站运行方式的要求，逆变器应具有防孤岛保护功能。

（7）升压变压器等的使用寿命均不低于 25 年。

（8）海拔高度超过 1000m 时，逆变器、升压变压器、开关柜等电气设备应根据项目所在地区的海拔高度对电气设备的外绝缘进行修正。

（9）对于海边盐雾地区，逆变器、升压变压器、开关柜等电气设备需采取防腐、防凝露等措施并进行相应的外绝缘修正。

F.2.6　发电量计算

（1）应根据工程代表年太阳辐射数据和光伏组件的特性，结合工程所在地区的气候特征，控制系统特性及发电工程效率等因素，核算分析计算光伏

发电工程第一年的理论发电量。

（2）应根据所选组件的年衰减系数，核算提出合理的各年衰减系数，并计算出运行期 25 年内各年的理论发电量。多晶硅和单晶硅电池组件衰减率 2 年内总衰减率不高于 2%，10 年内总衰减率不高于 10%，25 年内总衰减率不高于 20%。

（3）应根据光伏组件效率、低压汇流及逆变器效率、交流并网效率等方面因素，确定光伏发电系统总效率。

根据国内外已建光伏发电工程的运行经验，系统综合效率约在 75% ~ 82% 之间，各影响因素参考值如下：

1）直流电缆损耗：1.5% ~ 2.5%。

2）防反二极管及线缆接头损耗：1.5% ~ 2.5%。

3）电池板不匹配造成的损耗：1% ~ 2%。

4）灰尘积雪及局部遮挡损耗：3% ~ 10%。

5）交流线路损耗：1.5% ~ 2.5%。

6）逆变器损耗：3% ~ 4%。

7）不可利用的太阳辐射损耗：2% ~ 5%。

8）系统故障及维护损耗：0.5% ~ 1.5%。

9）变压器损耗：2% ~ 4%。

10）温度影响损耗：3% ~ 6%。

（4）应根据工程代表年太阳辐射数据和系统总体方案，估算光伏发电工程理论发电量，并按照系统各项的折减系数估算出年、月平均上网发电量。

（5）应根据工程代表年太阳辐射变化特征，分析计算光伏发电工程出力变化率和出力特征，并绘制代表年出力、月发电量变化图表。

F.2.7　主要技术性能指标

主要性能指标可以根据项目具体情况（建设时间、资源情况和设计方案），分别与国家电力投资集团有限公司战略规划部和光伏产业中心发布的年度/月度对标评价报告选合适的典型项目进行对标，重点对标设计投资回收系数、概算－决算降幅、项目决算完成率、千瓦造价、度电造价、千瓦利润、利用小时比、销售电价比、实际投资回收系数等。